# 远古中国资源秘籍

## 《山海经》新解

王红旗 ● 著

孙晓琴 ● 绘图

▲ 海天出版社（中国 · 深圳）

# 图书在版编目（CIP）数据

远古中国资源秘籍：《山海经》新解 / 王红旗著. — 深圳：
海天出版社，2014.2
　　（自然国学丛书）
　　ISBN 978-7-5507-0958-4

Ⅰ．①远…　Ⅱ．①王…　Ⅲ．①历史地理－中国－古代
②《山海经》－研究　Ⅳ．①K928.631
　　中国版本图书馆CIP数据核字(2014)第017888号

**远古中国资源秘籍——《山海经》新解**
Yuangu Zhongguo Ziyuanmiji Shanhaijing xinjie

出 品 人　陈新亮
出版策划　尹昌龙
丛书主编　孙关龙　宋正海　刘长林
责任编辑　秦　海
责任技编　蔡梅琴
封面设计　风生水起

出版发行　海天出版社
地　　址　深圳市彩田南路海天大厦（518033）
网　　址　www.htph.com.cn
订购电话　0755－83460293（批发）83460397（邮购）
设计制作　深圳市同舟设计制作有限公司　Tel：0755－83618288
印　　刷　深圳市新联美术印刷有限公司
版　　次　2014年3月第1版
印　　次　2014年3月第1次
开　　本　787mm×1092mm　1/16
印　　张　10
字　　数　126千
定　　价　30元

# 总 序

　　21世纪初，国内外出现了新一轮传统文化热。人们以从未有过的热情对待中国传统文化，出现了前所未有的国学热。世界各国也以从未有过的热情学习和研究中国传统文化，联合国设立孔子奖，各国雨后春笋般地设立孔子学院或大学中文系。显然，人们开始用新的眼光重新审视中国传统文化，认识到中国传统文化是中华民族之根，是中华民族振兴、腾飞的基础。面对近几百年以来没有过的文化热，这就要求我们加强对传统文化的研究，并从新的高度挖掘和认识中国传统文化。我们这套《自然国学》丛书就是在这样的背景下应运而生的。

　　自然国学是我们在国家社会科学基金项目"中国传统文化在当代科技前沿探索中如何发挥重要作用的理论研究"中提出的新的研究方向。在我们组织的、坚持20余年约1000次的"天地生人学术讲座"中，有大量涉及这一课题的报告和讨论。自然国学是指国学中的科学技术及其自然观、科学观、技术观，是国学的重要组成部分。长久以来由于缺乏系统研究，以至社会上不知道国学中有自然国学这一回事；不少学者甚至提出"中国古代没有科学"的论断，认为中国人自古以来缺乏创新精神。然而，事实完全不是这样的：中国古代不但有科学，而且曾经长时期地居于世界前列，至少有甲骨文记载的商周以来至17世纪上半叶的中国古代科学技术一直居于世界前列；在公元3～15世纪，中国科学技术则是独步世界，占据世界领先地位达千余年；中国古人富有创新精神，据统计，在公元前6世纪至公元1500年的2000多年中，中国的技术、工艺发明成果约占全世界的54%；现存的古代科学技术知识文献数量，也超过世界上任何一个国家。因此，自然国学研究应是21世纪中国传统文化一个重要的新的研究方向。对它的深入研究，不仅能从新的角度、新的高度认识和弘扬中国传统文化，使中国传统文化获得新的生命力，而且能从新的角度、新的高度认识和弘扬中国传统科学技术，有助于当前的科技创新，有助于走富有中国特色的科学技术现代化之路。

本套丛书是中国第一套自然国学研究丛书。其任务是：开辟自然国学研究方向；以全新角度挖掘和弘扬中国传统文化，使中国传统文化获得新的生命力；以全新角度介绍和挖掘中国古代科学技术知识，为当代科技创新和科学技术现代化提供一系列新的思维、新的"基因"。它是"一套普及型的学术研究专著"，要求"把物化在中国传统科技中的中国传统文化挖掘出来，把散落在中国传统文化中的中国传统科技整理出来"。这套丛书的特点：一是"新"，即"观念新、角度新、内容新"，要求每本书有所创新，能成一家之言；二是学术性与普及性相结合，既强调每本书"是各位专家长期学术研究的成果"，学术上要富有个性，又强调语言上要简明、生动，使普通读者爱读；三是"科技味"与"文化味"相结合，强调"紧紧围绕中国传统科技与中国传统文化交互相融"这个纲要进行写作，要求科技器物类选题着重从中国传统文化的角度进行解读，观念理论类选题注重从中国传统科技的角度进行释解。

由于是第一套自然国学丛书，加上我们学识不够，本套丛书肯定会存在这样或那样的不足，乃至出现这样或那样的差错。我们衷心地希望能听到批评、指教之声，形成争鸣、研讨之风。

《自然国学》丛书主编

2011年10月

# 目 录

# 前 言

　　《山海经》自古号称世界奇书，它是一部非常有趣和特别神秘的书，也曾经是而且将继续是一部具有迷人信息和实用价值的书。因为它记录着丰富的先秦中国人及其远方异国人的自然环境资源信息和人文环境资源信息，内容涉及天文历法资源、地理矿产资源、生物资源和人文资源等等不可或缺的宝贵的生存资源信息，因此它长期被先秦历代王朝密藏不露，直到汉代才公开于世。即使到了今天，《山海经》记载的远古自然环境和人文环境资源信息，仍然在多方面和多领域有着不可替代的价值。我希望本书有助于推动国内外学者对先秦宝典《山海经》的深入研究，进一步吸引海内外更多的读者，早日把《山海经》一书列入世界非物质文化遗产。

　　有必要指出的是，关于《山海经》内容的真实性、可靠性，特别是涉及神话传说时期的内容，学术界意见分歧很大，许多内容至今都没有公认的观点。我主张把远古神话传说视为一种不可多得的宝贵信息，应该从符号学等多学科角度尽可能地解读其中内涵。《山海经》记载的大量内容，在其他先秦古籍里没有记载或者很少记载，因此这类内容往往成为孤例，难以进行相互对照研究。《山海经》记述的大量内容往往是只言片语，对其信息内涵的解读难免不使用推论和猜想。如果要想充分论证这些推论，往往需要大量的外围考证，以致篇幅过长。《山海经》内容庞杂，涉及学科甚多，我国并无专业的"《山海经》学科"，因此很难形成绝对的学术权威观点。

鉴于此，我在撰写本书的过程中，特意参考了奥地利学者埃尔温·薛定谔《生命是什么》（上海人民出版社，1973年）一书的写法。他这本小册子只有40000字，引文和注释很少，不拘泥于文章写作格式，主要是阐述作者自己对"生命是什么"的深入思考，对读者很有启发。我的这本书集中论述了《山海经》记载的古代天文资源、地理资源、生物资源和人文资源等内容，也算是一次全新的尝试，希望读者喜欢。

2009年9月9日于北京莲花池畔撰写初稿
2013年9月9日修订

蚩尤

蚩尤（金属兵器发明人）

九尾狐（瑞兽，可能与测绘活动有关）

女娲填海（生态环境变化）

帝台之石（棋类）

十日炙杀女丑（气象灾难）

共工台·相柳

孙晓琴绘於
二〇〇五年

共工台（金字塔型建筑物）

欧丝之野（养蚕）

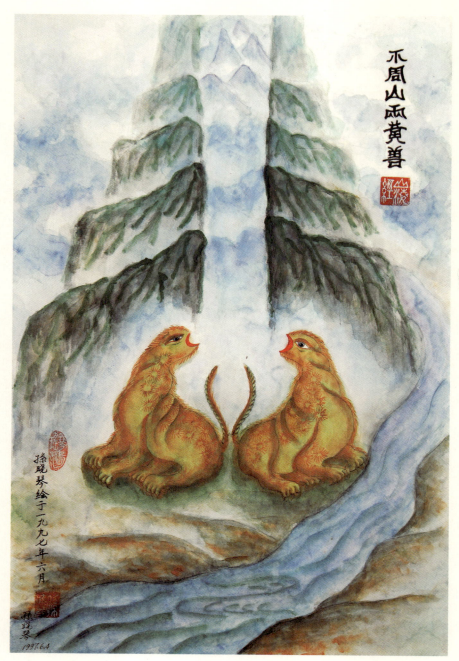

不周山（环形山）

神人天吴

神人天吴（水利）

虹虹（气象）

女娲十肠（生育）

西周之国之后稷（农业之神）

柜格之松（天文）

日月山（天文观测台）

重与黎

孙晓琴绘于二〇〇四年夏

重与黎（开天辟地）

常羲浴月（制定一年十二个月的历法）

昆仑墟（古城建筑）

树鸟

孙晓琴绘于二〇〇四年夏

树鸟（路标）

宵明与烛光

宵明与烛光（人造光源）

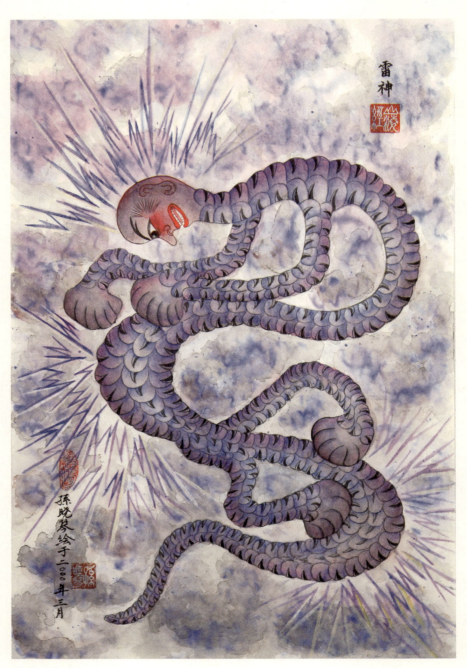

雷神（气象）

羲和浴日（制定十日一旬的历法）

为了满足喜欢追本溯源的读者需要，第一章先简单地介绍一下《山海经》的版本流传过程、作者及其撰稿年代，以及《山海经》的内容与价值等相关的内容。需要说明的是，本书各章内容有着相对的独立性，读者可根据自己喜欢或者关注的内容先选择阅读相关的章节，等到有兴趣或者有需要的时候，再来看其他的章节。

## 一、《山海经》的版本

《山海经》一书的书名，最早见于西汉史学家司马迁（约前145—前86）的《史记·大宛列传》："故言九州山川，《尚书》近之矣。至《禹本纪》《山海经》所有怪物，余不敢言之也。"[1]

自司马迁之后，《山海经》的版本沿革基本上有案可查。其中，西汉末年刘歆（后更名刘秀，公元前？—公元23）校定的《山海经》版本，我们今天已经不能直接看到了。我们能够看到的最早《山海经》版本，是晋代学者郭璞（276—324）的《山海经传》，有宋代、明代、清代的刻本，它们有可能是传自刘歆校定的版本，或者是传自郭璞校订的版本。

此后，根据袁珂（1916—2001）《山海经校注》一书介绍，比较重要的《山海经》版本及其研究专著，计有明代学者王崇庆（1484—1565）的《山海经释义》（附图）、杨慎（1488—1559）的《山海经补注》，以及清代学者吴任臣（清康熙年间人，生卒年月不详）的《山海经广注》（附图）、汪绂（1692—1759）的《山海经存》（附图）、毕

---

[1]（汉）司马迁，《史记·大宛列传》，中华书局，1959年。

沅（1730—1797）的《山海经新校正》、郝懿行（1757—1825）的《山海经笺疏》、吴承志（清末时人，生卒年月不详）的《山海经地理今释》等。

近现代为《山海经》作注释的学者很多，并陆续出版了许多研究注释《山海经》的专著。1980年上海古籍出版社出版了中国神话学泰斗袁珂先生的《山海经校注》一书，该书是近现代比较权威的《山海经》版本之一，本书主要参考的也是这本书。

## 二、《山海经》的篇章

司马迁看到的《山海经》分多少篇章，我们今天已经无从考证了，除非考古发掘能够发现那个时期或更早时期的《山海经》。刘歆在校定《山海经》时，依据的《山海经》是由三十二篇组成的，经他修订之后改为十八篇；遗憾的是，刘歆校定的十八篇《山海经》的名称和先后次序，我们今天也无从考证了。

郭璞，字景纯，河东闻喜人（今山西省闻喜县西），善诗，长于训诂，主要著作有《山海经传》《尔雅注》《郭弘农集》等。郭璞的《山海经传》分为十八篇，应当是源自刘歆校定的十八篇《山海经》；这十八篇依次分别是《五藏山经》五篇、《海外四经》四篇、《海内四经》四篇、《大荒四经》四篇、《海内经》一篇。至于其各篇先后次序是否与刘歆校定的十八篇《山海经》完全相同，则不得而知。

其中，《五藏山经》五篇依次是《南山经》《西山经》《北山经》《东山经》《中山经》，《海外四经》四篇依次是《海外南经》《海外西经》《海外北经》《海外东经》，《海内四经》四篇依次是《海内南经》《海内西经》《海内北经》《海内东经》，《大荒四经》四篇依次是《大荒东经》《大荒南经》《大荒西经》《大荒北经》。由于《海内经》排在《大荒四经》之后，因此也有人又将其称为《大荒海内经》。

此后，各种版本的《山海经》均为十八篇，绝大多数版本的《山海经》各篇先后次序均与郭璞的《山海经传》相同；只有上海辞书出版社2003年出版的《经典图读山海经》和2012年出版的《山海经鉴赏辞典》与众不同，其十八篇的先后次序为《五藏山经》《海外四经》《大荒四经》《海内五经》。

此外，袁珂《山海经校注》一书里将《五藏山经》五篇称为《山经》，将《海外四经》《海内四经》《大荒四经》《海内经》等十三篇合称为《海经》，这也是古代学者对《山海经》各篇经常用到的分类方式。

《山海经》全书约31000字，这在先秦典籍里算得上是大部头的著作了。据《山海经校注》一书，《五藏山经》五篇"大凡一万五千五百三字（郝懿行云：今二万一千二百六十五字）"，《海外四经》和《海内四经》八篇据郝懿行统计为"大凡四千二百二十八字"，《大荒四经》和《海内经》五篇据郝懿行统计为"大凡五千三百三十二字"。

## 三、《山海经》的图

《山海经》一书，是先有文字，还是先有图，抑或同时有图和文字？目前学术界并无定论。或许这几种情况都存在，既有依图撰写说明文字的情况，也有依文字记述配图的情况，还有同时撰写文字和绘图的情况。此外，在汉代画像图案里（例如南阳汉画像）有许多涉及远古神话传说的内容，或亦与《山海经》图有关。

主张《山海经》先有图的说法之一是，大禹（先夏时期帝禹时代）治水成功后，铸造了九个鼎，九鼎上铸有描绘天下各地风土人情的图画（称为《山海图》），《山海经》的文字就是依据这些图画而撰写的。不过，司马迁在提及《山海经》时，并未说到《山海经》是否有图；刘歆（秀）在《上山海经表》里，也没有涉及《山海经》是否有图。最早提及《山海经》有图的人，是晋代学者郭璞。他在撰写《山海经传》的同时，还写了若干篇《图赞》，用诗句的形式对《山海经》图加以描述。一百多年后，晋代名士陶潜（字渊明，约365－427）在阅读《山海经》时，曾作诗十三首表达自己的感触，其中就有"流观山海图"的诗句，至于这些图是谁画的则不得而知。

有案可查最早为《山海经》配图的画家是南朝梁代吴中（今江苏省苏州）人张僧繇（？－519），亦即著名的画龙点睛故事里的神奇画家，他曾经绘有《山海经图》十卷，可惜大都失传了。此后，历代都有画家为《山海经》配图，或者根据《山海经》的内容创作绘画作品，但是流传下来的比较早的主要是明清时期的《山海经》图画。例如清代学者汪绂，幼年家贫，曾在景德镇瓷窑当画工；后来，他在撰写《山海经存》时，便亲自为《山海经》绘制了三四百幅白描动物、人神插图。需要解释的是，《山海经》记述的许多内容，例如远古神话传说故事，在其他文献典籍和民间故事里也有大体相近的记述，因此有关内容的绘画作品，也都可以划归到《山海经》图画的范畴之内。

近现代也有一些画家为《山海经》绘图。女画家孙晓琴从20世纪90年代开始以《山海经》内容创作系列绘画作品，包括《山海经》插图600余幅，丙烯画《山海经艺术地理复原图组画》数十幅，国画《山海经神异图》108幅，以及42平方米的巨幅丙烯画《帝禹山河图》，并合作出版《新绘神异全图山海经》《经典图读山海经》《全本绘图山海经》等专著。

进一步说，《山海经》的图可以分为地图和景观插图两类，其中地图的实用价值更重要。中国绘制地图的历史非常悠久，可以追溯到公元前3000年甚至更早的年代。象形文字里的许多地名往往也是地形图的浓缩。相传炎帝神农时期，有一个名叫白阜的大臣，他的职责是"图地形脉道"。《古三坟·地皇轩辕氏政典》则记有："太常，北正。尔居田制，民事尔训；尔均百工，惟良。山川尔图，尔惟勤恭哉！"看来，早在炎帝和黄帝时代就已经有专人绘制山川地图了。

　　《尚书序》记有："九州之志，谓之九丘；丘，聚也；言九州所有，土地所生，风气所宜，皆聚此书也。〈春秋左氏传〉曰：'楚左史倚相能读三坟、五典、八索、九丘。'即谓上世帝王遗书也。"由此可知《九丘》正是一部经济地理学专著（当初可能还配有地形沙盘），但当时只有极少的人才能读到它并读懂它。事实上，在中国的社会管理结构或国家管理体制中，设立专门掌管地图的职务乃是一种源远流长的传统。根据《周礼》的记载，大司徒的职责之一正是"掌建邦之土地之图"，其下属职方氏则具体负责"掌天下之图，以掌天下之地"，土训掌管各地区的地图及其物产，诵训负责历史地理沿革的研究，卝（guàn，束发成两角状）人负责矿产的勘查并绘制成矿产分布图供开采者使用。用今天的话来说，职方氏相当于国家测绘局的局长，而卝人则相当于地质矿产勘查处的处长。

　　由于西方历史学家对中国历史缺少了解，因此他们只知道古代巴比伦人最早绘制地图，时间约在公元前2300年，其内容多是房屋图（标有房主的姓名）或城市布局图。其实，巴比伦人绘制的地图属于房地产地图，而同时代中国人绘制的《五藏山经》图则属于地形地貌物产分布图，两者不可同日而语。我国学者苏北海在《新疆岩画》一书中指出，在新疆巴里坤县发现有地图岩画，内容涉及水利地形，时间在公元前2000年以前[①]。

　　人类早期绘制地图所使用的载体，包括岩石、树皮、木板、皮革、泥版、石板、金属器具，以及地形模型沙盘等。例如，居住在西伯利亚北部的尤卡吉尔人和北美洲的奥吉布瓦人，最初就是把地图绘制在白桦树皮上，而古代美洲印第安人则制作并使用过沙盘地形图。

---

①苏北海，《新疆岩画》，新疆美术摄影出版社，1994年。

# 四、《山海经》的内容和性质

《山海经》的内容极其丰富，涉及地理、地形、山脉，海洋、湖泊、河流，矿产、植物、动物，天文、历法、气象，历史、社会、民族，农业、医药、饮料，军事、巫术、祭祀，文艺、音乐、棋类，建筑、科学技术、发明创造，等等。从地理学的角度来说，上述内容可以概括为自然地理和人文地理（包括历史地理）两大类。

具体来说，《山海经》各篇内容的侧重各有不同。《五藏山经》以自然地理及其物产为主，同时记述各地居民尊崇的人神，以及祭祀对象和祭品。《海外四经》以人文地理为主，记述远方异国的人文特点。《大荒四经》兼顾人文地理和自然地理，同时述及历史地理内容。《海内四经》和《海内经》以人文地理为主，同时述及历史地理。

从文献保存完整性的角度来说，《五藏山经》和《海外四经》保存得比较完整。当然在长期的流传过程中，也不可避免存在着若干错简，以及后人增删的情况。《大荒四经》内容有较多丢失，特别是有关自然地理的内容颇为散乱。《海内五经》的错简较多，记述内容往往不连贯。

关于《山海经》一书的性质，仁者见仁，智者见智，历代学者也是众说纷纭。大体有如下主要说法：《山海经》是一部地理书；《山海经》是一部巫书；《山海经》是一部大百科全书；《山海经》是一部先秦王朝密藏的生存资源信息档案；还有小说家之说、形法家之说或综合志书之说，等等。相信每一个读者，在阅读《山海经》之后，对《山海经》一书的性质都会有自己的看法，或者赞同上述学者的说法，或者提出自己的独特见解。

## 五、《山海经》的作者及其撰稿年代

在中国先秦典籍里，作者及其撰稿年代最扑朔迷离的要首推《山海经》。刘歆在《上山海经表》里称："《山海经》者，出于唐虞之际。昔洪水洋溢，漫衍中国……禹别九州，任土作贡，而益等类物善恶，著《山海经》。"

所谓"唐虞之际"是指中国先夏时期的唐尧时代和虞舜时代。"禹"即帝禹时代的国君或部落联盟大酋长，"益"（又称伯益、伯翳）是帝禹时代主管山林环境资源的大臣。所谓"益等"的"等"，应该是指协助益撰写《山海经》的主要助手；根据《山海经》和《淮南子》等著作，他们包括测绘工程师"竖亥"和绘图工程师"大章"。

据此可知，刘歆认为《山海经》的作者或主编乃是伯益，撰稿于帝禹时代。但是，刘歆的这种说法受到后世学者的质疑，因为《山海经》里记述有大量帝禹时代之后的夏代、商代、周代的人物和事迹。

近现代学者关于《山海经》的作者及其撰稿年代，有着许多深入的研究，并提出了若干新的说法。大多数学者认为《山海经》的作者是春秋战国时期的周人或楚人或齐人，或那个时期的博物家、探险家、旅行家，也有学者主张《山海经》是秦汉时期人所作。概括起来，即《山海经》诸篇是由春秋战国至秦汉时期的若干作者分别所著，其中以《五藏山经》的著述年代为最早。

我的观点有所不同。我认为《山海经》一书是由帝禹时代的《五藏山经》、夏代的《海外四经》、商代的《大荒四经》、周代的《海内五经》共同编辑而成；编辑者是周王室图书馆的学者，编辑成书年代在春秋时期；其中《海内五经》部分内容被编入的时间可能延至秦代（从周王朝灭亡的公元前256年即秦昭王五十一年始，至公元前206年秦王朝灭亡止），直至西汉末年刘向（公元前79－前6，系刘歆之父）、刘歆等人受汉成帝之命整理校订包括《山海经》在内的图书典籍时。其主要理由是，《五藏山经》没有记述帝禹时代以后的事情；《海外四经》记述有夏代的事情，而没有记述夏代以后的事情；《大荒四经》记述有商代的事情，而没有记述商代以后的事情；《海内五经》记述有周代的事情，以及朝鲜、天毒（今印度）的内容，而且特别注重对历史传承的追溯。与此同时，《海外四经》《大荒四经》《海内五经》的内容之所以多有重叠，则是因为人文地理本身所具有的传承性使然。

## 六、《山海经》是先秦王朝的秘密档案

说《山海经》是一部地理书（包括自然地理和人文地理），这大体不错，只是过于笼统。这是因为，《山海经》并不是一部普通的地理书，而是一部带有浓厚神秘色彩的特殊地理书，准确说它是一部先秦历代王朝密藏的生存资源信息档案，这些生存资源信息涉及天文历法资源、地理矿产和水资源、生物资源、人文资源等。

众所周知，许多动物自身都储存有丰富的对自己有用的生存资源信息，例如什么地方在什么时候有食物、水、盐、药草，什么地方在什么时候有危险，等等。对于人类来说，同样需要保存尽可能多的对自己有用的生存资源信息；当需要保存的生存资源信息，超过人类个体的记忆能力时，而且又发明出体外记忆工具图画、文字时，人们就会用图画或文字记录下尽可能多的生存资源信息。

随着人类社会的不断发展，逐渐形成了规模越来越大的社会结构，例如部落、部落联盟、方国、方国联盟、国家、国家联盟、王朝，等等。对于部落首领、方国君王、国家王朝帝王来说，为了生存与发展，需要掌握尽可能多的生存资源信息；谁能够掌握更多的生存资源信息，谁就能够获得更多的生存和发展的机会。在这种情况下，记录生存资源信息的文献档案，必然会成为部落首领、方国君王、国家王朝帝王的

"国之重器"，深藏于密室，绝不轻易外传，只有君王和重要大臣等极少数人才能够看到。

值得注意的是，从《山海经》各篇的内容及其流传过程来看，《山海经》正是帝禹时代、夏代、商代、周代等先秦历代王朝记录生存资源信息的"国之重器"性质的文献档案。《吕氏春秋·先识》称："夏太史终古见桀迷惑，载其图法奔商；商内史向挚见纣迷惑，载其图法奔周。"据此可知，在中国历史上，属于"国之重器"的文献典籍都是要被极其认真地传承下去的。

据《史记》《左传》等古书记载，公元前520年周景王（在位时间自公元前544至前520）死后，周王室在继位问题上发生内战，周景王的庶长子王子朝占据王城（今洛阳）数年，周景王的嫡次子王子匄亦即周敬王（在位时间自公元前519至前476）则避居在外。公元前516年秋冬之际，晋顷公（在位时间自公元前525至前512）出兵支持王子匄复位（此举得到中原各诸侯国的响应），王子朝遂携周室典籍（可能还有包括九鼎在内的大量周王室青铜礼器）投奔楚国，定居在今河南省南阳一带。[①]

在王子朝携带的周室典籍里应该就有《山海经》，其正本和其他重要典籍原版可能都被王子朝秘密埋藏于山中或地下（或许有朝一日它们能够重见天日）。当时任职周王室图书馆馆长的老聃在参与此事后辞周退隐。《山海经》的副本则作为见面礼被王子朝送给了楚王，并被密藏在楚国图书典籍库中。楚国三闾大夫屈原（约公元前340—前278）在《天问》《离骚》《九歌》等作品里，多处内容均取自《山海经》，显然他是看过《山海经》的。

公元前278年，秦兵攻破楚都郢（今湖北宜昌），楚国图书典籍被秦所获。公元前247年，秦庄襄王（？—前247）在位三年即死，秦嬴政（公元前259—前210）立，时年13岁，仲父吕不韦专权，招致宾客三千

---

① 《左传·昭公二十六年》卷十，岳麓书社，1988年。

人，编纂《吕氏春秋》，其中就有若干内容取自《山海经》，表明吕不韦也是看到过《山海经》的。

综上所述，在司马迁之前，《山海经》一书就应该已经存在于世了，它之所以没有被先秦诸子百家公开提及，一种比较合理的解释就是它属于"国之重器"被密藏起来。事实上，《山海经》一书的书名和内容公之于世，乃是在西汉时期（公元前206－公元8）。西汉史学家司马迁在《史记·大宛列传》里感叹："至《禹本纪》《山海经》所有怪物，余不敢言之也。"这既表明司马迁未能正确解读《山海经》的内容，也表明《山海经》记录的生存资源信息已经时过境迁，因此不再具有"国之重器"的价值，允许公开传抄阅读。

## 七、墨子与《山海经》

墨子（约前500－前400）本名翟，鲁国人，或说是宋国人，父墨祺；出身平民，精通手工技艺，可与鲁班相比。墨子曾任宋国大夫，却自称是"鄙人"，自诩"上无君上之事，下无耕农之难"，并同情"农与工肆之人"。墨子活跃在孔子成名之后孟子成名之前，曾经学习《诗》《书》《春秋》等儒家典籍，但很快就对儒家繁琐礼乐感到厌烦，并放弃儒学，创立自己的墨家学派，主张"非攻"、"兼爱"，一时成为显学。

由于墨子既精通木匠手艺，又拥有大量图书，表明墨子（包括其家族）的职业与制作图书有关。墨子及其家族很可能参与了许多图书的制作，其中就可能有《山海经》（包括《山海图》）一书。《五藏山经》系帝禹时期的国土资源"考察白皮书"，《中国古今姓氏辞典》（黑龙江人民出版社）引《潜夫论》称，大禹师傅名"墨如"，他应该是墨子的先祖，当时也参与了帝禹主持的人类社会最早和规模最大的国土资源考察活动。古人经常用职业和工作性质来命名人名，"墨如"一名的"墨"是绘画和书写颜料，"如"是似、像的意思，因此"墨如"的工作就是给山川、植物、动物、神人绘制图像。

《墨子·法仪》："百工为方以矩，为圆以规，（为）直以绳，（为）正以县，（为平以水）。"据此可知，墨子非常熟悉测量直角、圆周、直线、垂直线、水平线的技术和工具，而这是与《山海经》测量山川活动一脉相承的。中国人最早发明了"管"这种观测远方实物的观测仪器，古人所说的"管窥"、"管见"均源于此。"管"就是望远镜，著名的三星堆青铜面具的凸目造型，象征的正是管状望远镜。从这个角度来说，墨子对光的研究，以及对小孔成像的研究，实际上乃是建立在对"管"的使用基础上的。

《墨子·尚贤中》引用先王之书《吕刑》"禹平水土，主名山川"。所谓"主名山川"，亦即"命名山川"。《五藏山经》记述有东、西、南、北、中五个区域共计26条山脉的447座山，以及河流258处、地望348处、矿物673处、植物525处、动物473处、人文活动场景95处等内容，正是"主名山川"的体现。据此可知，墨子对"禹平水土，主名山川"的活动是非常了解的。事实上，墨子非常尊崇大禹，并以大禹勤劳为民的精神为自己的榜样，其主张"节用"、"节葬"，维护工人、农民的利益，就是证明。而且，墨子喜欢穿黑色的衣服，实际上也是继承了大禹"尚黑"的传统。

鬼神祭祀、鬼神崇拜的习俗在我国由来已久，并且在民间长期广泛流传。但是到了先秦诸子百家时期，学者在对待鬼神的态度上，老子不谈鬼，孔子不语"怪、力、神"，孟子、庄子、惠子等也很少提及鬼神；唯独墨子不仅认为鬼神存在，而且认为鬼神具有"赏贤而罚暴"的社会功能。无独有偶，在先秦典籍《山海经》中，也有大量祭祀鬼神的内容。显然，《墨子》与《山海经》在鬼神的问题上，存在着某种一致性或者相关性。

《明鬼下》称墨子"然则姑尝上观乎《商书》，曰：'呜呼！古者有夏，方未有祸之时，百兽贞虫，允及飞鸟，莫不比方，矤（shěn）佳人面，胡敢异心！山川鬼神，亦莫敢不宁。若能共允，佳天下之合，下土之葆。'察山川鬼神之所以莫敢不宁者，以佐谋禹也。此吾所以知《商书》之鬼也。"

值得注意的是，上述百兽、爬虫、飞鸟和山川鬼神"以佐谋禹也"的记载，非常符合《山海经·五藏山经》记述的内容，这就表明墨子很可能读过《山海经》，至少间接知道《山海经》记载的有关信息。可惜，《明鬼》引用的《商书》早已失传，或许它有可能就是商代的人文地理文献《大荒四经》，被编辑收入到《山海经》里。

# 八、《连山易》与《山海经》

中国春秋、秦汉时期学者经常谈及上古有三易，即《连山易》《帰藏易》《周易》。可惜《连山易》一书早已失传，其真相扑朔迷离。《周礼·春官》称："大卜……掌三易之法，一曰连山，二曰帰藏，三曰周易，其经卦皆八，其别皆六十有四。"

从上述内容来看，三易的内容结构大同小异，对此学者颇多疑问，难道夏代、商代、周代的人真的都使用类似的占卜方法吗？

桓谭（约公元前23－56）《新论》曰："连山八万言，帰藏四千三百言。"又曰："连山藏于兰台。"郑玄（127－200）《易赞》及《易论》云："连山者，象山之出云，连连不绝。帰藏者，万物莫不归藏于其中。周易者，言易道周普，无所不备。"据此可知，在先秦典籍中《五藏山经》与"连山"的关系最为密切，而且文字篇幅也长达数万字。

也就是说，古人所说的《连山》一书实际上就是出自帝禹时代的《五藏山经》，而古人所说的《帰藏易》一书原本乃是商代的龟甲占卜手册。对比之下，《周易》则是周代初期的六十四卦体系，其性质相当于社会行为规范知识手册，属于思想建设文化工程。

《五藏山经》中记载的一条条山脉，每一座山之间有距离有方位，彼此一一相连，因此完全可称之为"连山"；也就是说，"连山"即山经，或者说《连山易》出自《五藏山经》（这也可以反证《五藏山经》出自夏禹时代，完全有理由被列入世界文化遗产名录）。在《五藏山经》记述的许多山中，都描述有某物（通常是神奇的动物或人神）出现，则预兆着某种事件（诸如战争、水旱、瘟疫）发生，表明当时人们采用的是非常古朴的"一对一"的预测方法，充分说明其时代相当古远；而且，在每一条山脉的结尾处，都有一段文字记述当地居民的祭祀风俗。春秋、秦汉时代的学者由于不清楚《五藏山经》与《连山》的关系，因此便模仿《周易》编纂出《连山易》来。鲁迅先生虽然注意到《山海经》的"巫书"内容，可惜没有意识到《五藏山经》即大名鼎鼎的《连山易》。

# 九、《山海经》的研究方兴未艾

近现代以来，特别是改革开放以来，我国学者对《山海经》的研究呈现出方兴未艾的可喜局面，越来越多的学者和《山海经》爱好者，从各个角度对《山海经》的内容进行解读，并提出了许多有价值的新见解。与此同时，与《山海经》有关的绘画作品、文学作品、影视作品也频频出现，让更多的普通民众有机会了解到中华民族宝典《山海经》的内容和价值。

20世纪以来，研究《山海经》并有所建树的学者非常多，本书限于篇幅，只能列出部分学者的姓名。他们有刘师培、王国维、徐旭生、顾颉刚、吕子方、沈德鸿（笔名茅盾）、钟敬文、谭其骧、史念海、袁珂、徐显之，等等。

1983年12月，有关方面在成都召开了首次全国范围的《山海经》学术研讨会。1986年1月，四川省社会科学院出版社出版了该研讨会的论文集《山海经新探》一书，论文作者有杨超、谭其骧等25人。1999年3月，湖北人民出版社出版了王善才主编的《山海经与中华文化》一书，收录文章的作者有张国光、竹野忠生（日本）等34人。

　　此外，还有许多学者在各自的研究著述中，也涉及对《山海经》的介绍和评述。例如，靳升禾在《中国历史地理文献概论》一书中[①]，就对《山海经》的书名、撰者、卷数、体裁、内容、特点、价值、版本、注本等进行介绍和点评。孙关龙在《中华名著要籍精铨》一书中[②]，以简洁、凝练的笔法对《山海经》的主要特点和内容作了高度概括的介绍。

　　上述学者仅仅是众多研究《山海经》学者的一部分，如此众多的学者投入《山海经》的研究之中，充分表明我国《山海经》研究工作方兴未艾。

　　但是，毋庸讳言，目前在《山海经》研究和普及中也存在着若干问题。其一，《山海经》研究存在着"单兵作战"的问题，没有能够形成合力；其二，在中小学课本里缺少正面介绍《山海经》的内容；其三，由于《山海经》具有百科全书的性质，因此很难划归某个学科领域，这样也就难以确定归口管理单位；其四，由于《山海经》的作者不能确定，因此《山海经》的研究工作也难以获得作者属地政府的支持；其五，《山海经》研究者期望建立的"中国山海经学术研究会"迟迟未能建立，影响了《山海经》的深入研究，也影响了《山海经》申报世界非物质文化遗产工作的进行。

---

①靳升禾，《中国历史地理文献概论》，山西人民出版社，1987年，17页。
②陈远、于首奎、张品兴主编，《中华名著要籍精铨》，中国广播电视出版社，1994年，61页。

# 十、人人都能读懂《山海经》

《山海经》在中国自古号称奇书，在全世界也称得上是一部非常独特的珍贵图书。这是因为，《山海经》记录着远古人类的生存环境及其生存资源，记录着远古人类部落（包括氏族、方国、国家）的分布及其文化特征，其时间跨度大约从两千年前到一万年前，其地域范围从黄河流域、长江流域到亚洲甚至更远的地方，无论从什么角度来说其丰富的远古信息都是极其珍贵的而且是不可替代的。由于《山海经》具有如此重要的价值，因此它应该成为每一个中国人的必读书之一，也应该成为全世界教科书中必备的参考书之一。

有必要指出的是，许多人都误认为《山海经》是最难读懂的书，其实不然。《山海经》是一本容易读的书，人人都能读懂《山海经》。这是因为，《山海经》全书使用的几乎都是陈述句，逻辑非常清晰。例如，什么山在什么地方，这里有什么河流发源，山上有什么矿物、植物、动物、人神，植物有什么用处，动物长得什么样以及它们有什么用处，人神长得什么样以及他们有什么本事，当地的居民是如何祭祀山神的，等等。又如，什么国在什么地方，该国的居民有什么特点（往往用其特点来命名该国），等等。再如，谁是谁的后裔，谁发明了什么，谁在做什么，等等。

其实，《山海经》难就难在里面有错简，有许多古文字；此外，当时的时代背景、思维方式与我们不一样，古今环境也不同。因此，只要解决好上述几个问题，就能够读懂《山海经》。当然，由于时代限制，《山海经》里面也有一些夸大的、离奇的内容，需要我们进行仔细的判读。

进一步说，《山海经》研究领域确实存在着许多问题和困难。

1.《山海经》一书内容的真实性、可靠性，特别是涉及神话传说时期的内容，学术界意见分歧很大，许多内容至今都没有公认的观点。在这种情况下建议把远古神话传说视为一种不可多得的宝贵信息，以便从符号学等多学科角度尽可能解读其内涵。

2.《山海经》记载的大量内容，在其他先秦古籍里都没有记载或者很少记载，因此这类内容往往成为孤例，难以进行相互对照研究。

3.《山海经》记述的大量内容往往是只言片语，对其信息内涵的解读难免要用推论和猜想。如果要想充分论证这些推论，往往需要大量的外围考证，以致篇幅过长。

4.《山海经》内容庞杂，涉及学科甚多，我国并无专门的"山海经学科"，很难形成权威性的学术观点。

有鉴于此，每一个读者都可以用自己的视角去阅读《山海经》，并形成自己的观点，或许这正是《山海经》研究最迷人的地方。

地球位于银河系的太阳系之中，地球有自转和公转，地球是太阳的行星，月球是地球的卫星。宇宙星辰、太阳、月亮、行星、彗星、流星、陨石和风云雨雪，它们对人类的生存有着决定性的或者不可忽视的作用。因此，仰望星空就成为人类社会生活中非常重要的内容之一，对天文星象的观测，对历法的计算，对气象的观察，就构成了人类生存极其重要的天文历法资源和气象资源。在《山海经》一书里，就记录有中国人早在先秦时期进行的相当精确的天文历法观测和细致的气象观察活动。进一步说，观测天象、颁布历法，既是采集、狩猎、畜牧和农业等生产生存活动所需，同时也是构成社会管理权力的重要组成部分。

# 一、纪日历法

银河系最大最耀眼的星体是太阳，因此太阳理所当然成为人类最早观测的天文对象，而对日升日落的计数也就构成最早的纪日历法，《山海经》里就记录有中国古人的纪日历法活动。

《山海经·大荒南经》：东南海之外，甘水之间，有羲和之国。有女子名曰羲和，方浴日于甘渊。羲和者，帝俊之妻，生十日。

《山海经·海外东经》：下有汤谷。汤谷上有扶桑，十日所浴，在黑齿北。居水中，有大木，九日居下枝，一日居上枝。

《山海经·大荒东经》：大荒之中，有山名曰孽摇頵羝，上有扶木，柱三百里，其叶如芥。有谷曰温源谷。

汤谷上有扶木，一日方至，一日方出，皆载于乌。

所谓羲和"生十日"、"浴日于甘渊"云云，记述的是古代帝俊（或谓之帝舜）部落的一项重要的天文巫术活动，主持者为帝俊的妻子羲和，她在模拟十个太阳依次从东方海中升起的场景；每天升起一个太阳，并依次为十个太阳命名（有可能用的正是甲乙丙丁戊己庚辛壬癸这10个天干字符），这是有文字记载的最早的以十日为一旬的纪日历法。由于古人相信西落的太阳要经过黑暗的地下通道才能重新返回东海，因此羲和还要为每一个返回的太阳进行清洗，以便使其重新恢复光热。据此可知，羲和是一位披着巫术外衣的天文学家，她负责制定并颁布纪日历法。中国先民采用十日为一旬的纪日历法，得益于十进制的建立，而且有助于计算一年的天数。根据先秦典籍《书·尧典》记载，在帝尧时代，已经精确测算出一年有366天。[①]

所谓"一日方至"，是说汤谷的扶桑树上有十个太阳，它们轮流出没，每当一个太阳从西方回来（经由地下）时，就有另一个太阳从扶桑树上飞起，所有的太阳都由三足乌驮载着运行。显然，《大荒东经》的汤谷即《大荒南经》的甘渊。《论衡·说日》称"日中有三足乌"，《淮南子·精神训》称"日中有蹲乌"，古人产生日中有乌的观念，一是源自太阳的运动需要有动力，二是因为古人观察到太阳上面有黑子。至于太阳金乌为什么有三足，可能与古人追求奇异的心态有关。此外，古人制作陶鸟时，为了使其能够平稳站立常常要加塑一足，久而久之人们便形成三足乌的传说。事实上，《山海经》关于扶桑树上有十个太阳轮流出没的记载，已经被三星堆出土的青铜神树所证实。

---

①江灏、钱宗武译注，《今古文尚书全译》，贵州人民出版社，1992年。

## 二、纪月历法

夜晚人们观测到天空最大最明亮的星体是月球。月球的圆缺轮回周期变化对智慧初开的古人来说具有非常神秘的吸引力。当古人计数一年里月圆月缺的周期次数时，纪月历法就诞生了，《山海经》里就有相关的记述。

《山海经·大荒西经》：有女子方浴月。帝俊妻常羲，生月十有二，此始浴之。

所谓"生月十有二"，是说帝俊的妻子常羲颁布一年十二个月的纪月历法。所谓"方浴月"则是一种天文历法演示巫术，与羲和浴日类似，即在象征月亮升起的海面上，模拟十二个月亮依次升起的场景；并为每一个新升的月亮洗浴，使其重新明亮起来。或许，常羲也曾经为依次升起的十二个月亮分别起了名字，有可能使用的就是十二地支"子丑寅卯辰巳午未申酉戌亥"。

《山海经·大荒东经》：有女和月母之国。有人名曰鹓，北方曰鹓，来之风曰狡，是处东极隅以止日月，使无相间出没，司其短长。

郝懿行注谓："女和月母即羲和、常羲之属也。谓之女与母者，《史记·赵世家》索隐引谯周云：'余尝闻之代俗，以东西阴阳所出入，宗其神，谓之王父母。'据谯周斯语，此经'女和月母'之名，盖以此也。"据此可知，除了帝俊的妻子羲和负责颁布纪日历法、常羲负责颁布纪月历法之外，在其他部落或方国里也有女性天文学家负责颁布纪日历法和纪月历法。其中，女和月母之国可能更偏重于纪月历法，那里的天文历法主管人名叫鹓，她通过观测月相的变化和日影的长短，以及来自北方的季风，履行其职责。

# 三、岁星历法与十二生肖动物纪年

> 《山海经·海外南经》：地之所载，六合之间，四海之内，照之以日月，经之以星辰，纪之以四时，要之以太岁，神灵所生，其物异形，或夭或寿，唯圣人能通其道。

六合，指前后左右上下六个方位，亦即三维空间。四海，古人相信大地被东南西北四个方向的大海包围着，四海之内即陆地所及范围。四时即春夏秋冬四季。太岁即木星，或者准确说是木星纪年；木星十二年绕太阳一周，古人就用十二地支来分别命名每一年。以十二生肖动物纪年和六十甲子纪年均与木星纪年有关。

> 《山海经·海内经》：炎帝之妻，赤水之子听訞生炎居；炎居生节并，节并生戏器，戏器生祝融。祝融降处江水，生共工；共工生术器，术器首方颠，是复土穰，以处江水。共工生后土，后土生噎鸣，噎鸣生岁十有二。

此处经文"共工生术器，术器首方颠，是复土穰，以处江水。共工生后土，后土生噎鸣，噎鸣生岁十有二"，与《大荒西经》天枢日月山记述的内容有相近之处。术器"首方颠"，类似嘘"两足反属于头上"，均系具有巫术色彩的特殊动作。由于我国出土了数十颗3000年前至5200年前的有洞头骨，从这个角度看"术器首方颠"，或许可以解读为对术器（大约在4000年前至6000年前之间）实施了开颅巫术，以使他具有特殊的本领。在中国传统文化里，巫师（同时兼科学家）是能够与天沟通的神人，在头骨上开洞的象征意义正是与天沟通（开天目）。据此可以推测，中国先夏时期的巫师氏族，当小孩成年时，要人为地在其

24

头骨上开洞，表明他从此就具备了行使巫术的能力和权力。

噎鸣"生岁十有二"，类似噎（即嘘）"处于西极以行日月星辰之行次"，均为天文观测活动；噎之名与噎鸣几乎完全相同，因此有理由认为噎即噎鸣。两者的差别在于，噎的父祖为重黎、老童、颛顼，而噎鸣的父祖为后土（术器）、共工、祝融、炎帝；也就是说，黄帝族与炎帝族都有负责天文观测的人，并使用着相同或相近的职务名称（帝俊族天文官的名称为羲和、常羲，而羲与嘘音相近）。所谓噎鸣"生岁十有二"，"岁"即木星（又称太阴、太岁），意思是说噎鸣发现了木星十二年绕太阳一周的运动规律，并为每年木星所在天空位置分别起名。众所周知，今天测定的木星绕日周期为11.8年，比古人测定值略小一点；这有可能是古人的测定存在一些误差，但是也有可能在远古时期木星周期曾经确实非常接近12年一周天的数值。

木星是太阳系中体积和质量最大的周期运动行星，中国先民很早就发现它在星空中的位置（准确说是在太阳系的位置）对地球生物圈有着重要的影响。《玉函山房辑佚书》之《计倪子》称："太阴三岁处金则穰，三岁处水则毁，三岁处木则康，三岁处火则旱。"计倪子（公元前6世纪－前5世纪）又名计然、计研，乃春秋时期越国大臣范蠡（公元前6世纪－前5世纪）的老师，其先人乃晋国的贵族。浙江省丽水县缙云仙都有一处"倪翁洞"景观，相传就是当年计倪子隐居的地方。

计倪子的上述观点从今天的角度来说，属于自然环境气候经济学或天文经济学，他研究并总结了木星运行周期导致的自然环境变化规律对社会经济生活的作用。《计倪子》所说的"太阴"就是指木星，大意是：当木星三年位于"金"的方位时，农作物丰收；当木星三年位于"水"的方位时，将发生水涝灾害，农作物减产；当木星三年位于"木"的方位时，农业收成好，人们生活安康；当木星三年位于"火"的方位时，将出现旱灾，农业收成不好。人们只要掌握了这种规律，就可以提前作准备，并获得丰厚的经济利益。

有趣的是，中国的十二生肖属于古老的动物纪年，而十二生肖动物的排列也存在着三年一组的规律性，以及食草动物与食肉动物交替兴旺的规律性，并且符合计倪子所说的木星十二年一周天影响地球气候水旱交替周期性变化规律。具体来说，鼠年、牛年适宜食草动物生长，食草动物多了又适宜食肉动物（虎年）的生长；因此，鼠、牛、虎这三年相当于木星位于"金"的三年，是风调雨顺的好时光。食肉动物多了，食草动物就少了，就到了兔年；龙是水族类动物的代表，蛇性喜潮湿，表明这几年雨涝洪水频仍，相当于木星位于"水"的方位。马年、羊年又适宜食草类动物生长，猴喜吃树上的果子，表明这几年又是风调雨顺，正好对应木星位于"木"的方位上的情况。鸡是鸟类的代表性动物，鸟类的主要食物是昆虫，而昆虫在天旱时往往大繁殖（这正是旱年闹蝗虫的原因），因此鸡年表示旱灾严重；狗和猪都属于杂食性动物，它们在天旱情况下的生存能力特别强；也就是说鸡、狗、猪这三年是旱灾年，相当于木星位于"火"的方位时的自然气候状况。

## 四、天文台、天文仪器和天文学家

人类最初观测天象，完全是用肉眼观测，看到太阳从东方升起就知道白天开始了，看到太阳从西方落下就知道天要黑了。再以后，人们会根据太阳从东方哪一座山头升起，或者太阳从西方哪一座山头落下，来判断一年里的季节，这些被选中的自然标志物（例如山头）就成为非人造的观测天象的仪器。接下来，人们又发明了自己制造的标志物，例如垂直标杆（圭表），去测量正午阳光照射下的标杆影长，以此判断夏至或冬至的时间，这些人造器具就成为最早的人造天文仪器。再以后，人们又发明了能够提高肉眼视力的器具或场地，例如窥管就具有望远镜功能，有人推测三星堆青铜面具那长长的凸目就可能是象征着特殊本领和特殊权力的窥管；坐井观天可以避免地面光线干扰，也可能具有类似天文望远镜的聚光功能。当人们在固定地点上设置可长期使用的天文仪器，并持续进行天象观测时，天文台就诞生了。值得注意的是，《山海经》里就记录有许多天文台和天文仪器，例如十二座日月出入之山，方山的柜格之松，等等。

　　《山海经》中的《大荒东经》和《大荒西经》记有十二座日月出入之山。其中，《大荒东经》记有六座日月所出之山，它们依次是（自东南向东北）大言山、合虚山、明星山、鞠陵于天山、猗天苏门山、壑明俊疾山。与之对应的是，《大荒西经》记述有六座日月所入之山，它们依次是（自西北向西南）丰沮玉门山、龙山、日月山、鏖鏊钜山、常阳山、大荒山。此外，《大荒西经》还记述有一座日月所出入之山，即方山，它们共同构成了蔚为壮观的天文观测台阵容。上述六座日出之山和六座日落之山彼此两两成对，表明撰写《大荒四经》的时代，曾以一年内太阳出入于不同的方位来判断季节。时至今日，边远地区的人们，例如大小凉山的彝族，每年到一定时候，总要由一位经验丰富的老人，到寨子附近一定地方，或是一处山口，或是一块大石头，以一定的姿势，或则直立，或则一脚踏在石头上，观测太阳落山的位置，来确定播种季节，用这种"土办法"能精确到误差不超过五天[①]。其实，居住在城市里的细心读者也会发现，过了春分之后早晨太阳光会照射到面向北方的窗户，过了秋分之后早晨的太阳光才会照射到面向南方的窗户。

　　《山海经·大荒西经》：西海之外，大荒之中，有方山者，上有青树，名曰柜格之松，日月所出入也。

　　经文"柜格之松"，古人没有解释。其实，根据"日月所出入"可知，柜格之松当与天文观测活动有关，而"方山"很可能是一座四方台形的天文观测站。所谓松木上有柜格，大约是在一笔直竖立的松木上，横向平行插有或绑有若干横木，这些横木彼此相隔一定的尺寸距离；观测者每天都在距离柜格之松的一个固定位置上，观测日月升起的高度在第几格的横木上，并据此判断一年的季节变化（最高的横木表示夏至，

---

① 郑文光，《中国天文学源流》，科学出版社，1979年。

最低的横木表示冬至)。也就是说,柜格之松可能是最早的天文仪器之一,亦即后世圭表的前身。《拾遗记》亦记有:"帝子(少昊)与皇娥泛于海上,以桂枝为表,结薰草为旌,刻玉为鸠,置于表端,言鸠知四时之候,故《春秋传》曰司至是也,今之相风此之遗象也。"①事实上,中国象形文字的圭字和表字,正是源自柜格之松的象形。不过,由于这种观测方法眼睛容易被灼伤,以后人们才逐渐改为观测圭表影子的方向和长短,不再需要"柜格"了。

　　《山海经·大荒西经》:大荒之中,有山名日月山,

天枢也。吴姬天门,日月所入。

　　所谓日月山"天枢也",表明这里是一座观测北极星及其周边星空星座的天文台。所谓"吴姬天门",顾名思义应该是一种类似门状的天文观测仪器。在《山海经》里与其类似的还有猗天苏门山、丰沮玉门山,它们都属于门状天文观测仪器。凡此种种,很容易让人联想到英国著名的门状环形巨石阵,据说它们也是用于天文观测的。

　　《山海经》不仅记录了大量天文台和天文仪器,同时也记述了众多天文学家的天文观测活动。除了帝俊部落里给太阳洗澡的羲和、给月亮洗澡的常羲,以及日月山的噎鸣,《山海经·大荒四经》还有如下一组天文学家活动的记载。

　　《大荒东经》:大荒之中,有山名曰鞠陵于天、东

极、离瞀,日月所出。名曰折丹,东方曰折,来风曰

俊,处东极以出入风。

　　《大荒东经》:有女和月母之国。有人名曰鹓,北

方曰鹓,来之风曰狳,是处东极隅以止日月,使无相间出

没,司其短长。

　　《大荒南经》:有神名曰因因乎,南方曰因乎,夸风

_____

①(晋)王嘉,《拾遗记》卷一,中华书局,1981年。

日乎民，处南极以出入风。

　　《大荒西经》：有人名曰石夷，（西方曰夷），来风
曰韦，处西北隅以司日月之长短。

　　从上述记载可知，现存版本《大荒四经》里有若干错简和缺简。其
一，《大荒东经》两条内容之一应该属于《大荒北经》，即女和月母之
国的内容原本应在《大荒北经》，经文"是处东极隅"应为"是处北极
隅"或"是处东北极隅"。其二，《大荒南经》脱落有关天文观测的内
容。其三，《大荒西经》丢失"西方曰夷"字句，经文"处西北隅"似
应为"处西极隅"。

　　《大荒四经》记述的这一组分别位于东南西北四方的天文学家，
她们不仅负责观测日月升落，而且还要观测预报来自东南西北四个方向
的季风，有人认为她们还可能在观测二十八星宿。如果上述记载是真实
的，那么北方天文台的馆长鹓，就有可能观测到北极区域的特殊天文景
观，例如太阳半年升起、半年落下，或许这正是"使无相间出没"的内
涵。南方天文台的馆长因因乎，也有可能观察到只有在南北回归线区域
里才能够发生的阳光垂直照射现象。

　　有趣的是，《山海经·大荒西经》记有："有寿麻之国。南岳娶州
山女，名曰女虔。女虔生季格，季格生寿麻。寿麻正立无景，疾呼无
响。爰有大暑，不可以往。"所谓"寿麻正立无景"云云，乃是我国古
籍关于赤道地区（南北回归线之间）自然环境的最早记述。寿麻正立在
阳光下而没有身影，即正午阳光垂直照射现象；大声喊叫而没有回声，
或与炎热环境对空气传播声音的影响有关；"爰有大暑，不可以往"，
则是对赤道地区炎热气候的直接描述。

# 五、宇宙起源与开天辟地

仰望星空，人们在惊叹大自然的瑰丽雄奇神秘的同时，往往会情不自禁、不由自主地追问宇宙及其万物是从哪里来的。继而又会进一步追问，提出这个问题的"我"又是从哪里来的。人类的智慧就在这样一次次追问中不断向前发展。

《山海经·大荒西经》：大荒之中，有山名日月山，天枢也。吴姖天门，日月所入。有神，人面无臂，两足反属头上，名曰嘘。颛顼生老童，老童生重及黎；帝令重献上天，令黎邛下地；下地是生噎，处于西极，以行日月星辰之行次。

日月山是《大荒西经》记述的第四座观测日月西落的场地，它与其他日月出入山有所不同，因为这里是天枢所在。枢，原指门户的转轴，天枢即地球自转轴及其所指向的太空北极点；由于地球自转，宇宙所有的星辰看起来都在围绕着看不见的天枢和看得见的北极星在旋转，其中最明显的是北斗星的旋转。北斗七星的第一颗星（位于勺端）名天枢，第二颗星名天璇，天枢与天璇的延伸线正好指向北极星。

嘘即噎，《海内经》又作噎鸣，其职务用今天的话来说即日月山天文台的台长；所谓"两足反属头上"，当是一种天文巫术动作，意在模拟日月群星的旋转。事实上，嘘与重、黎与老童与颛顼，乃天文世家，他们的出生和名称多有旋转之意。

此处经文"重献上天"、"黎邛下地"，在古史中又称作"颛顼绝地天通"。《国语·楚语下》记有：昭王问于观射父曰："《周书》所谓重、黎实使天地不通者，何也？若无然，民将能登天乎？"对曰："非此之谓也。古者民神不杂。及少昊之衰也，九黎乱德，民神杂糅，不可方物。颛顼受之，乃命南正重司天以属神，命火正黎司地以属民，使复旧常，无相侵渎，是谓绝地天通。"

绝地天通的内涵，观射父解释为重新划分社会等级，这是错误的。事实上，根据《大荒西经》的记载，"重献上天"和"黎邛下地"的举动完全是天文学意义上的行为，与社会地位无关。其实，绝地天通与开天辟地神话和女娲补天、后羿射日、共工撞不周山、夸父逐日等神话传说的含义大体相同，在我国少数民族至今流传的近百个民间故事里，都记述有远古发生的天地大冲撞事件曾经导致天地不分、日月长期消失（类似核冬天现象），于是有英雄射日射月并重新找回藏起来的日月，天地才得以恢复正常，此即重与黎将天地重新分开之本义。

进一步说，重与黎将天地重新分开的故事，还体现着古人对宇宙起源于天地不分、混沌一团的朦胧认识。或许，人类的历史意识很可能就萌发于这场天地大冲撞事件，因此他们自然会把这一"很久很久以前的事件"当成宇宙的起源。

# 六、天地大冲撞事件

中国先民很早就注意到，天空中不仅有太阳、月亮和恒星、行星，还时常有"不速之客"流星和彗星。《山海经·大荒西经》记有："有赤犬，名曰天犬，其所下者有兵。"所谓"天犬"就是体积比较大的发出赤红色光芒的流星。《山海经·海外南经》记有："三株树在厌火北，生赤水上，其为树如柏，叶皆为珠。一曰其为树若彗。"古人用"彗"形容树的形状，显然是曾经观测到彗星，而且对彗星相当熟悉。

当发生体积巨大的流星、彗星或小行星撞击地球时，则称之为天地大冲撞事件。在中国远古神话传说和《山海经》等典籍里都记载有相关的信息，例如女娲补天、后羿射日、夸父逐日、十日炙杀女丑、共工撞倒不周山，等等。

在中国少数民族水族流传的女娲补天故事里，女娲不仅补天，而且也曾射落多出的太阳。宋代学者罗泌（1131—1189）在《路史·发挥一》注引《尹子·盘古篇》云："女娲补天，射十日。"遗憾的是，今本《山海经》有关女娲补天的记载已缺失了，而且有关后羿射日的记载也缺失了。所幸的是，《庄子·秋水》成玄英（唐贞观年间人）疏引古本《山海经》尚记有："羿射九日，落为沃焦。"①

沃焦是什么？《古小说钩沉》辑《玄中记》称："天下之强者，东海之沃焦焉，水灌之而不已。沃焦者，山名也，在东海南，方三万里，海水灌之而即消，故水东南流而不盈也。"由此观之，后羿射落的九个"太阳"，实际上乃是天外来客陨星或彗星进入地球大气层剧烈摩擦发热发光的景象，它们落入东海后其余热仍然能够把海水蒸发，就好像是太平洋里那些活火山岛屿（夏威夷）一样。

> 《山海经·海外西经》：女丑之尸，生而十日炙杀之。在丈夫北。以右手鄣其面。十日居上，女丑居山之上。

此处经文所描述的女丑与十日画面，属于巫术禳灾活动，女丑应该也是观测日月的天文学家，其事件发生时间当即郝懿行注谓："十日并出，炙杀女丑，于是尧乃命羿射杀九日也。"在古代，巫师既有权力，又有责任；当灾祸、灾异事件发生后，如果巫师不能通过巫术活动消除灾祸，那么他（她）便要以身殉职。

> 《山海经·海外北经》：夸父与日逐走，入日。渴欲得饮，饮于河渭，河渭不足，北饮大泽。未至，道渴而死。弃其杖，化为邓林。

夸父逐日是远古的一种驱逐"妖日"（包括太阳异常发光、新星爆发、大型陨星等）的巫术活动或表演，届时巫师要表演追逐太阳、干渴

---

① （宋）罗泌，《路史》，上海中华书局，1936年。

而死等一系列动作场景，结束时众人要象征性地展现妖日被驱逐、万木复生的景象。

# 七、气象观测

在中国古代，天象与气象往往交织在一起，《山海经》就同时记录有许多气象观测活动，除了常见的冬夏、季风、雷电、云雨、雪山之外，还记录有若干特殊的气象景观，例如极光现象和佛光现象。

> 《山海经·西山经》：又西二百九十里，曰泑山，神蓐收居之。其上多婴短之玉，其阳多瑾瑜之玉，其阴多青雄黄。是山也，西望日之所入，其气员，神红光之所司也。

在中国古史传说中，蓐收是西方之神。此处神红光即蓐收，他负责观测日落的时间和方位，以预报季节。在北半球，太阳只有在春分和秋分时才从正东升起、在正西落下，当太阳升起或落下的方位越来越偏北则表示夏季来临，反之则表示冬季来临。所谓"其气员"，疑即佛光现象，古代巫师有责任观测奇异现象并给予解释。我国观看佛光的著名的地方是峨眉山，在天气适当的下午，游人登上峨眉山金顶，可看见自己投射在云雾中的身影周围环绕着一圈光，当地人称之为"峨眉光"。

> 《山海经·海外北经》：钟山之神，名曰烛阴，视为昼，瞑为夜，吹为冬，呼为夏，不饮，不食，不息，息为风，身长千里。在无启之东。其为物，人面，蛇身，赤色，居钟山下。

> 《山海经·大荒北经》：西北海之外，赤水之北，有章尾山。有神，人面蛇身而赤，直目正乘，其瞑乃晦，

其视乃明，不食不寝不息，风雨是谒。是烛九阴，是谓
烛龙。

烛龙又名烛阴、烛九阴，在其他古籍中亦有记载。《楚辞·天问》："日安不到？烛龙何耀？"《楚辞·大招》："魂乎无北，北有寒山，倬龙（烛龙）赤只。"《淮南子·地形篇》："烛龙在雁门北，蔽于委羽之山，不见日；其神人面龙身而无足。"郭璞注引《诗含神雾》："天不足西北，无有阴阳消息，故有龙衔火精以往照天门中也。"《玄中记》："北方有钟山焉，山上有石首如人首，左目为日，右目为月，开左目为昼，闭右目为夜；开口为春夏，闭口为秋冬。"

"烛龙"顾名思义，可能与人造光源"烛"的发明有关。龙的原型动物是娃娃鱼，中国人在很早以前就用娃娃鱼的油点灯，据说秦始皇陵里的长明灯用的就是娃娃鱼油。此外，袁珂先生认为烛龙属于开天辟地之神，与盘古的传说类似[1]。而所谓烛龙"身长千里"云云，有人解释为北极地区的极光现象，应该说也是有一定道理的。[2]

《大荒北经》：有人衣青衣，名曰黄帝女魃。蚩尤作兵伐黄帝，黄帝乃令应龙攻之冀州之野。应龙畜水，蚩尤请风伯、雨师，纵大风雨。黄帝乃下天女曰魃，雨止，遂杀蚩尤。魃不得复上，所居不雨。叔均言之帝，后置之赤水之北。叔均乃为田祖。魃时亡之，所欲逐之者，令曰："神北行！"先除水道，决通沟渎。

这里记述的是黄帝族与蚩尤族发生的一场水利气象战，同时也在客观上记录了先夏时期的自然气候变迁。第一阶段为"应龙畜水"，即上游的人筑坝截留水资源，不给下游的人用（不排除抬高水位后再突然放水，以冲毁下游农田、城池）。第二阶段为"蚩尤请风伯、雨师，纵

---

① 袁珂，《中国神话大词典》，四川辞书出版社，1998年。
② 张明华，《烛龙和北极光》，见《山海经新探》，四川省社会科学院出版社，1986年。

大风雨"，即天降大雨，冲毁水利设施，淹没农田。第三阶段为"黄帝
乃下天女曰魃，雨止，遂杀蚩尤"，即气候由潮湿多雨转变为干旱少
雨，黄帝趁势出兵，一举击败蚩尤。事实上，在历史上某种气候变化对
甲地区有利而对乙地区有害的情况经常发生，严重时可导致民族、国
家力量的此消彼长。第四阶段为"魃不得复上，所居不雨"，即气候变
得更加干旱，严重影响到农业生产和人民的生活。第五阶段为"叔均言
之帝，后置之赤水之北"，女魃被安排到赤水之北居住，即赤水以北为
干旱区，其他地区的气候和降雨量恢复正常。所谓"魃时亡之，所欲逐
之者，令曰：'神北行！'先除水道，决通沟渎"，意思是当旱灾发生
时，要进行驱逐旱魃的巫术，并提前疏通排水渠道。所谓风伯、雨师、
旱魃这些能够呼风唤雨的巫师，其行为大体与"诸葛亮借东风"类似，
即他们对气象变化的规律有所认识，因此能够预见气象变化，并选择有
利的气象条件展开军事行动。

第三章

『山海经』记载的丰富翔实的地理资源

俗话说，天时不如地利。中国先民早就懂得这个道理，因此，中国先民在观测天象的同时，早就开始对地理资源进行过有组织的系统的大范围的详尽考察，并且制造出一系列测绘工具[①]。根据《山海经》《吕氏春秋》等先秦典籍的记载，帝禹时代就曾经进行过大规模的相当于国土资源考察性质的地理资源调查活动，其考察成果被记录在《五藏山经》里。

## 一、令人震惊的大地测量

《山海经·五藏山经》最后一段话这样写道（实际上这段话原应放在《山海经》全书之首）：

禹曰：天下名山，经五千三百七十山，六万四千五十六里，居地也。言其五藏，盖其余小山甚众，不足记云。天地之东西二万八千里，南北二万六千里；出水之山者八千里，受水者八千里；出铜之山四百六十七，出铁之山三千六百九十。此天地之所分壤树谷也，戈矛之所发也，刀铩之所起也。能者有余，拙者不足。封于太山，禅于梁父，七十二家，得失之数，皆在此内，是谓国用（地之所载，六合之间，四海之内，照之以日月，经之以星辰，纪之以四时，要之以太岁，神灵所生，其物异形，或夭或寿，唯圣人能通其道。）。

---

此处文字（其中括号内的文字误入《海外南经》篇首）并见于《列子·汤问篇》，学者多认为非《五藏山经》原文。例如郝懿行注谓："今案自禹曰已下，盖皆周人相传旧语，故《管子》援入《地数篇》，而校书者附着《五藏山经》之末。"

　　其实，上述这段话应该是渊源自有，它们虽然不一定是帝禹的原话，但是却事出有因，记录着帝禹时代曾经实施的足以令后世震惊的大地测量工程。特别值得注意的是，"天地之东西二万八千里，南北二万六千里"这句话，其数字应该不是凭空想象出来的，而是有着实测和计算的依据。

　　让我们今天感到棘手的问题是，这里的长度距离单位"里"究竟折合多少米？因为我们并不知道帝禹时代的"里"究竟有多长。或许，在刘向、刘歆等人整理校对《山海经》时，已经把帝禹时代的长度单位转换成汉代（与秦代、周代相同）的里数，即1里等于451.8米。果真如此，所谓"天地之东西二万八千里，南北二万六千里"，相当于东西长12650千米，南北长11747千米。

　　那么，这两个东西距离和南北距离的数字，到底是对地球大地进行的什么测量呢？张步天相信，其数位与地球北纬45度附近的半纬圈和北极至南回归线之间的经圈的长度基本相符。[①]

　　我认为，地球的赤道直径12756千米与"天地之东西二万八千里"（12650千米）两者基本相符，地球的两极直径12714千米与"南北二万六千里"（11747千米）两者基本相符，这种程度的相符应该不是巧合，而是表明有着实测和科学计算的依据，这确实让我们今天的人感到震惊。众所周知，帝禹时代大体相当于古埃及前王朝时期。也就是说，当古埃及人在大规模建造金字塔的时候，古中国人正在实施大规模的生存资源考察。金字塔至今仍然耸立在沙漠上，记录帝禹时代生存资源考察成果的《五藏山经》也幸运地流传至今，而两者都是人类文明史

---

①张步天，《山海经概论》，香港天马图书有限公司，2003年。

上的丰碑，只是后者尚未被世人充分认识。从这个角度来说，《山海经》有必要也有资格列入世界非物质文化遗产名录。

此外，《山海经·海外东经》又称：

> 帝命竖亥步，自东极至于西极，五亿十万九千八百步。竖亥右手把算，左手指青丘北。一曰禹令竖亥。一曰五亿十万九千八百步。

《淮南子·地形篇》亦称：

> 禹乃使大章步自东极至于西极，二亿三万三千五百七十五步；使竖亥步自北极至于南极，二亿三万三千五百七十五步。

此处经文中的竖亥、大章，即帝禹时代的测绘工程师。中国古代有用工作性质或职务来命名其人的传统，由此顾名思义，"竖亥"的工作是竖立测量标尺，"大章"的工作是绘制地形图。所谓"竖亥右手把算，左手指青丘北"，表明竖亥已经使用有专门的计算工具，并且选择"青丘"这个地点为测量原点。

值得注意的是，《山海经·海外东经》与《淮南子·地形篇》记述的东西距离和南北距离的长度有着较大的差异，因此其中必有一讹误，或者两者都有讹误。中国古代一亿有两个数值，或谓一亿为十万，或谓一亿为一万万。根据《山海经·海外东经》称"五亿十万九千八百步"，似乎此处的一亿应该是一万万。

中国古代常用的距离标准之一是"步"，左右脚各迈出一次的距离称为一步，显然这与人的身高有关。为了避免个体差异造成的测量误差，古人往往以帝王的身高、臂长、手长为标准，这在东西方都是一样的。据《史记·夏本纪》记载，当时正是以帝禹的身高为长度测量的标准。具体的办法是，以帝禹的身高长度或者帝禹的一步长度，制作出标准长度的丈量尺，称为"弓"，一弓即为一步。古史相传帝禹走路有一种特殊的步伐，被称为"禹步"，旧说是因为治理洪水劳累过度而落下了足疾使然。其实"禹步"实际上应该就是持弓进行测量时所采用的特定步伐。

那么，帝禹时代的一步究竟是多长的距离呢？对此我们并不清楚。不过，我们知道，秦汉时期一步等于六尺，一尺折合现在的0.231米，由此得出一步折合1.386米。如果帝禹时代人的平均身高与秦汉时期人的平均身高大体相同，帝禹的身高取同时代人的平均值，可以推算出帝禹时代的一步亦是1.386米。有兴趣的读者，可据此计算出"五亿十万九千八百步"或"二亿三万三千五百七十五步"折合今日的多少千米来。

在中国民间神话传说里，大禹治水时，曾深入一个山洞里，在那里见到伏羲老祖。伏羲送给大禹一件玉版，长一尺二寸。这个故事的内涵在于，大禹治水要进行精确的测量，首先就需要设立长度标准尺，所谓伏羲赠玉版，实际上是在借用伏羲的权威来确定和颁布长度标准尺。有趣的是，在中国先民的记忆中，伏羲和女娲也是测绘业的始祖。在汉代绘画雕刻作品里，伏羲手持矩（直角尺）、女娲手持规（圆规）就是证明。事实上，古史记载所谓禹的父亲鲧（帝尧时代人）使用"堵"的方法治水，而禹改为使用"疏"的方法治水，这里面其实是有着测绘技术进步的因素，因为疏导洪水需要更精确的水平测量和距离测量技术。由于技术水准的进步在古代往往需要经历比较长的时间，因此神话传说里鲧与禹的"父子关系"实际上应该解读为"父祖关系"，即鲧是禹的先祖。

## 二、《五藏山经》的地理版图

《山海经·五藏山经》描述了一个地域极其辽阔的地理版图，其范围以数百万平方千米计。在这个广阔的地理版图内，划分出《南山经》《西山经》《北山经》《东山经》和《中山经》五大区域，故而称之为

《五藏山经》。这五大区域应该不会相互重叠，但是它们彼此之间的相对位置，除了南西北东中的大方位之外，《五藏山经》的文字里并没有明确的说明，因此我们今天只能根据五大区域的具体地理信息来予以确认。从这个角度来说，任何人如欲复原再现《五藏山经》的地理方位，首先需要满足这样一个基本条件，即某一区域的山脉、山峰，不应该进入其他区域，避免与其他区域的山脉交错、混淆，除非能够证明其中存在着明显的错简。

在上述五大区域里，又划分出若干条山脉（包括地形脉络，例如一串海岛）。其中，《南山经》有3条山脉，《西山经》有4条山脉，《北山经》有3条山脉，《东山经》有4条山脉，《中山经》有12条山脉，共计有26条山脉。可惜，关于上述每个区域里的各条山脉彼此之间的相对位置在《五藏山经》的文字里同样没有说明。不过，有一点可以明确，即在这些山脉之间也不应该出现相互交叉的情况，除非能够证明其中存在着明显的错简。

对于上述每个区域里的各条山脉彼此之间相对位置的问题，研究《山海经》的学者都希望能够破解其中的奥秘。本作者提出一种新的思路：我发现《南山经》《西山经》《北山经》《东山经》和《中山经》各条山脉的先后排列，大体上存在着"由近向远、由内向外、由中心向外围"的排序规律。以《北山经》的3条山脉为例，它们的走势均为自南向北，分别称为北次一经、北次二经、北次三经，其中北次二经山脉的方位就比北次一经靠东，而北次三经山脉的方位又比北次二经更靠东。与此同时，《五藏山经》存在着一个非常重要的地理中心点，它就在渭水流入黄河的位置附近，《西山经》《北山经》和《中山经》有多条山脉都是从这里为起点开始进行考察活动的。

在上述26条山脉里各记有若干座山峰（包括地理标志点），少的只有5座（中次三经），多的有48座（中次十一经），共计有447座山。起始山峰通常都同时记有附近地望的地形地貌或名称，下一座山都记有与上一座山的相对方位及其距离，两座山的距离短则十里，多则数百里甚至千里，只有很少的几座山峰记载有高度。有必要指出的是，《五藏山经》记述的各山之间的距离，尚难以准确转换成为今天的长度单位：一是我们不清楚其计量的里数是指两个山头之间的直线距离，还是指两山之间的徒步行走距离；二是我们不清楚在《五藏山经》五大区域考察时，是否都严格使用了唯一的长度标准；三是我们不清楚这些里数，是否都是实测距离，是否还存在着估算值或传闻值。

在每一条山脉的结尾处，通常都记有当地居民的祭祀活动对象及其祭品的种类和规格。在记述每一座山时，通常都涉及是否有河流在此发源，山上山下有什么矿产，以及有什么植物、动物和人神活动等内容。从这个角度来说，《五藏山经》书名里的"藏"乃是"宝藏"之意，"经"乃是"经历记录"之意；考虑到与《山海经》其他篇章名称的相关性，或许《五藏山经》的书名原本应是《山藏五经》。

综上所述，《山海经·五藏山经》记载的是一种相当严密、系统和有章法的文献档案数据，具有实地考察的性质，而且考察的重点在于掌握各地的生存资源信息。在这种情况下，有理由推论，考察如此辽阔范围的山川大地、撰写内容如此丰富的《五藏山经》，这样的活动应该只能属于国家行为，而决非旅行家、探险家个人所能为之。

自从《山海经》在汉代解密以来，不断有学者试图复原再现《五藏山经》的地理方位，并陆续取得了许多进展。1999年9月9日，由王红旗考证并创意，由孙晓琴绘制出的尺幅有42平方米的巨画《帝禹山河图》（画面高540厘米、横宽780厘米），把《五藏山经》记述的南、西、北、东、中五个区域的447座山，以及河流258处、地望348处、矿物673处、植物525处、动物473处、人文活动场景95处等内容全部绘出。

从《帝禹山河图》可以直观地看出《五藏山经》涉及的地理版图范围，大约相当于今日的台湾海峡、天山山脉、蒙古高原和东海日本列岛之间，大体符合华夏文明圈的范围。其中，《南山经》的地理范围约在今日的洞庭湖、鄱阳湖、太湖一线以南，直至台湾海峡区间。《西山经》的地理范围约在今日的秦岭以北，托克托至潼关段黄河以西，直至天山山脉南北地区。《北山经》的地理范围以黄河前套托克托至出海口的黄河段为界，约在今日的吕梁山、霍山、王屋山、太行山、燕山、七老图山脉，直至蒙古高原甚至更北的地方。《东山经》的地理范围约在今日的泰山至张八岭一线以东，直至东海日本列岛之间。《中山经》的地理范围大体在《南山经》《西山经》《北山经》《东山经》环绕之中：南起洞庭湖、鄱阳湖一带，北至潼关至开封段黄河之间；西起青藏高原东部的岷山，东至大巴山的东端。

这里有必要特别讨论一下《东山经》的地理方位问题。从事《山海经》研究的人都知道，《五藏山经》地理方位最难考证的就要数《东山经》了，其突出表现就是学者众说纷纭：有认为《东山经》地理方位不可确考的，有认为《东山经》地理方位与《南山经》相互错位的，还有认为《东山经》地理区域位于北美洲大陆的，等等。对比之下，在《帝禹山河图》里描绘的《东山经》所在的地理方位，似乎比较能够与《五藏山经》的整体地理方位相互协调和衔接。

进一步说，《东山经》东次三经的9座山彼此之间，乃是《五藏山经》26条山脉里唯一"水行"的山脉，即它们彼此之间都是水路，这就意味着它们是海洋中的若干座岛屿。于是，问题又来了，东次三经记载的这些岛屿位于今天的什么地方呢？有人说是庙岛群岛，有人说是舟山群岛，有人说是东海上的岛屿，而《帝禹山河图》则把东次三经的前几座海岛画在了今日山东半岛的胶莱平原位置上。

那么，《帝禹山河图》这种画法的依据又是什么呢？其主要依据有两点：一是根据《东山经》4条山脉彼此之间的相互关系，符合"由近向远、由内向外、由中心向外围"的排序规律；由于《东山经》第1条山脉的标志山峰是今日的泰山，那么《东山经》第3条山脉应该位于泰山的东面，胶莱平原属于其范围之内。二是根据中国古代渤海海岸线变迁和华北平原的形成过程，在公元前2200年前至公元前5400年前或更早时期，现在的胶莱平原实际上都是被海水淹没着的，东次三经的前几座山在当时确实是海岛或海洲。①

如其不谬，《东山经》东次三经记述的地形地貌，恰恰证明了《五藏山经》记述的考察活动及其撰稿成文时间，只能是在帝禹时代，而不可能在春秋战国时期。这是因为，春秋战国时的人并不确切知道胶莱平原曾经被海水淹没（不过，沧海桑田的成语表明，中国先民还记忆着渤海海岸线曾经多次发生过海侵和海退事件）。


# 三、水资源分布图


水是生命之源，中国先民非常重视生存环境中的水资源分布，这在《山海经·五藏山经》里有着充分的证明，即使粗略地翻阅《五藏山经》也不难发现这一点。

事实上，《五藏山经》不仅记述有井泉、池渊、湖泊、沼泽湿地和海洋，而且特别注重记述河流的发源地及其流向，从而构成一幅幅清晰的水资源分布图。

这里仅以《西山经》和《北山经》各自第1条山脉里的几座山为例：

《西山经》西次一经记有：

西四十五里，曰松果之山。灌水出焉，北流注于渭，其中多铜。

又西八十里，曰符禺之山，其阳多铜，其阴多铁。符禺之水出焉，而北流注于渭。

又西五十二里，曰竹山，其上多乔木，其阴多铁。竹水出焉，北流注于渭，其阳多竹箭，多苍玉。

---

①华北平原的成长图，《中国自然地理图集》，地图出版社，1984年。

又西七十里，曰榆次之山，漆水出焉，北流注于渭。

又西百五十里，曰时山，无草木。逐水出焉，北流注
于渭，其中多水玉。

上述西次一经的几座山，均有水系发源，并且均向北流入渭水，可
以明确地判断它们均位于秦岭山脉南麓之中。

《北山经》北次一经记有：

又北四百里，曰谯明之山，谯水出焉，西流注于河。

又北三百五十里，曰涿光之山，嚣水出焉，而西流注
于河。

又北三百八十里，曰虢山。伊水出焉，西流注于河。

又北四百里，至于虢山之尾，其上多玉而无石；鱼水
出焉，西流注于河，其中多文贝。

又北二百八十里，曰石者之山，其上无草木，多瑶
碧。泚水出焉，西流注于河。

上述北次一经的谯明山、涿光山、虢山、虢山尾、石者山等山，均
有水系发源并且向西流入黄河，据此可知这几座山当位于今日山西省境
内的吕梁山西麓；其中谯明山和涿光山，名称里有"光"有"明"，可
能即今日吕梁山山脉南端的火焰山（位于山西省吉县东）。

有趣的是，《五藏山经》的考察记录者，还注意到季节河现象。
《北山经》北次三经记有：

又东北三百里，曰教山，其上多玉而无石；教水出
焉，西流注于河；是水冬干而夏流，实惟干河；其中有
两山，是山也，广员三百步，其名曰发丸之山，其上有
金玉。

教山位于太行山山脉，教水就是一条典型的季节河。

除了季节河之外，《五藏山经》还记录有季节井泉。《中山经》中

次十一经记有：

      又东南五十里，曰视山，其上多韭。有井焉，名曰天井，夏有水，冬竭。

《中山经》中次五经记有：

      又北十里，曰超山，其阴多苍玉，其阳有井，冬有水而夏竭。

超山位于今日中原地区的熊耳山、伏牛山一带，该山的井泉不仅是季节性的，而且还是反常规的，这种"冬有水而夏竭"的井泉并不多见。如果我们能够在熊耳山、伏牛山发现这样的井泉，既可证明《五藏山经》的真实性和准确性，同时也可进一步开发其矿泉水资源和旅游资源。

接下来，让我们一起去了解《五藏山经》记述的湖泊和沼泽湿地的情况。《五藏山经》记录有众多的湖泊、沼泽、湿地、水渊、海泽，其中《南山经》记述有6处湖泽，《西山经》11处，《北山经》15处，《东山经》12处，《中山经》6处，共计50处湖泽（由于存在同名的现象，统计数字可能有少许出入）。这里令人感慨的是，《五藏山经》里记载着的众多湖泊和沼泽湿地，其中特别是那些位于黄河流域的许多湖泊和沼泽湿地，今天已经大大地萎缩或者彻底干涸消失了。

《西山经》西次三经记有：

      又西北四百二十里，曰密山，其上多丹木，员叶而赤茎，黄华而赤实，其味如饴，食之不饥。丹水出焉，西流注于稷泽。其中多白玉。是有玉膏，其原沸沸汤汤，黄帝是食是飨。是生玄玉。玉膏所出，以灌丹木；丹木五岁，五色乃清，五味乃馨。黄帝乃取密山之玉荣，而投之钟山之阳。瑾瑜之玉为良，坚粟精密，浊泽而有光；五色发作，以和柔刚；天地鬼神，是食是飨；君子服之，以御不祥。自密山至于钟山，四百六十里，其间尽泽也。是多奇鸟、怪兽、奇鱼，皆异物焉。

根据"由近向远、由内向外、由中心向外围"的排序规律，由于《西山经》第1条山脉位于今日秦岭，据此可知《西山经》第3条山脉应该位于秦岭以北的地方。具体来说，西次三经记述的钟山和密山，位于今日的黄河河套附近，属于阴山山脉。所谓"稷泽"，相当于今日的黄河后套地区（巴彦淖尔市）。所谓"自密山至于钟山，四百六十里，其间尽泽也"，表明帝禹时代的黄河后套至前套（托克托县）一带密布水泽，然而今日它们的绝大部分早已被开垦为农田了。

《北山经》北次三经记有：

又东北七十里，曰咸山，其上有玉，其下多铜；是多松柏，草多茆草；条菅之水出焉，而西南流注于长泽；其中多器酸，三岁一成，食之已疠。

又北百里，曰王屋之山，是多石；联水出焉，而西北流注于泰泽。

又南三百里，曰景山，南望盐贩之泽，北望少泽。

又东二百里，曰虫尾之山，其上多金玉，其下多竹，多青碧；丹水出焉，南流注于河；薄水出焉，而东南流注于黄泽。

又东百八十里，曰小侯之山；明漳之水出焉，南流注于黄泽。

又北二百里，曰景山，有美玉；景水出焉，东南流注于海泽。

又北百二十里，曰敦舆之山，其上无草木，有金玉；溇水出于其阳，而东流注于泰陆之水；泒水出于其阴，而东流注于彭水；槐水出焉，而东流注于泒泽。

又北三百里，曰维龙之山，其上有碧玉，其阳有金，其阴有铁；肥水出焉，而东流注于皋泽，其中多垒石；敞铁之水出焉，而北流注于大泽。

又北水行五百里，至于雁门之山，无草木。

又北水行四百里，至于泰泽。

北次三经是《北山经》的第3条山脉，其地理范围涉及今日的王屋山、太行山、燕山和七老图山等山脉。在上述地区，除了山西省南部尚有盐泽、河北省尚有白洋淀、内蒙古尚有若干湖泽之外，北次三经记载的众多湖泊沼泽基本上都消失了。

此外，《山海经》还记有许多被称之为"海"的地方或地貌景观，这些"海"既有海洋，也有湖泊，有时还指广阔的不毛之地、遥远的地方或众多的事物。这种对"海"的观念，一直延续到今天，例如"海外来客"、"海内存知己"、"四海为家"、"瀚海"、"沙海"、"煤海"、"人山人海"、"文山会海"等等。

中国先民相信，华夏大陆的四周都是海域，并分别将其称为东海、南海、西海和北海。其中东海相当于今日的太平洋，南海相当于今日的印度洋和部分太平洋，西海泛指遥远西方的水域（具体时也可指黑海、里海等大湖泊），北海泛指遥远北方的水域（也可指贝加尔湖或蒙古高原上的大湖泊）。

## 四、矿产资源分布图

生命的一大特点就是能够利用身外之物来实现自己的生存欲求，例如植物能够利用阳光、空气、水、无机盐等等身外之物。动物不仅能够利用身外之物，而且还会使用身外之物，燕子会衔泥建巢，喜鹊会叼树枝建窝，海獭会用石头敲开蚌壳，黑猩猩会用细木棍深入蚁穴粘出蚂蚁吃。对比之下，人类则是一种特别擅长使用身外之物和制造身外之物的动物，为此人类特别关注生存领域里一切可资利用的身外之物，并逐渐发现了多种多样的矿产资源。事实上，掌握丰富的矿产资源信息，对每一个部落、方国、国家来说，都是极其重要的事情。

《山海经》对矿产资源有着相当详尽的记述，仅《五藏山经》就记述了矿石产地673处和近百种矿产资源。这些矿产资源，可划分为金属矿石和非金属矿石两大类；又可进一步细分为提炼金属用矿石、颜料（包括染料）用矿石、装饰和祭祀用玉石、建筑和工具用石料、娱乐用石料、医药用矿石、食用矿石、能源用矿产，以及未明用途矿石，等等。

提炼金属用矿石。《五藏山经》记载的金属矿石有金、白金、赤金、黄金、银、铜、铁、锡。其中，"金"泛指金属，"白金"可指铂或锌、铅、铬等，"赤金"可指铜，"黄金"即常说的黄金。由于提炼铂需要非常高的温度，因此"白金"更可能是指用于制作颜料和青铜器的锌、铅或铬。值得注意的是，在秦始皇兵马俑出土的青铜剑的表面有一层致密的铬盐氧化层，表明中国至少在秦朝就熟练掌握了镀铬技术，而这是需要经历一段漫长的技术发展过程的，其中就有《山海经》时期人们对金属矿藏勘探开采的贡献。

这里需要特别解释一下《山海经》关于铁矿资源记载问题。众所周知，中国在春秋战国时期才开始提炼和使用金属铁，据此不少研究《山海经》的学者相信，《山海经》记载着大量铁矿石产地，这是《山海经》一书成书不能早于春秋战国时期的铁证。其实不然，《山海经》记载铁矿石产地，并不一定意味着铁矿石只能被用于提炼金属铁和制造铁器。事实上，铁矿石至少在山顶洞人时代（距今一万八千年）就被中国先民用于制作红色颜料。

颜料（包括染料）用矿石。如果说人类从直立猿进化成为直立人的标志之一是举起火把的话，那么人类从多毛的直立人进化成为智人的标志之一就是体毛的退化。导致人类体毛退化（被人类学家形象地称为

"裸猿")的原因,学术界有各种各样的说法,其中一种观点认为,火的使用,服装的使用,特别是涂身、绘身的习俗,促成了人类体毛的不断退化。原始人涂身、绘身的目的,既有宗教的和心理的因素,也有实际的用途,例如保暖、防虫、美容、身份和种族识别符号,以及威慑敌人或猛兽,等等。为了上述目的,就需要寻找和加工制造各种各样的颜料用矿石。与此同时,为了美化陶器、木器、皮具、服装和居室,也需要寻找和加工制造各种各样的颜料、染料用矿石。有趣的是,秦始皇兵马俑使用的彩绘颜料,其中有一种紫色颜料的化学成分是硅酸铜钡,它就是由人工加工制造出来的。进一步说,对颜料用矿石的加工如用火烧颜料矿石,乃是促成金属冶炼业出现的重要因素。

《山海经》记载有许多种颜料用矿石,除了颜料用金属矿石之外,还有赭(红土),垩(白土)、黄垩、美垩,石涅(石墨,俗称画眉石)、雄黄、青雄黄(兼有药用价值),丹粟(兼有药用价值),磁石(兼有其他用途),硫磺,等等。有趣的是,《山海经》还记录有一个生产硫磺的专业户(氏族),他们就是《海内西经》记载的流黄酆氏,亦即《海内经》的流黄辛氏;根据《南山经》南次二经的记载,"流黄"其地在柜山的西面。

装饰和祭祀用玉石。中国先民对玉石有着特殊的喜爱,在先夏时期出土的文物中有大量的各种造型的玉器,诸如玉璧、玉琮、玉璋、玉璜,以及各式各样的玉雕饰品。毋庸置疑,中国古人对玉器的喜爱,势必会特别关注玉石的产地。事实上,《山海经》就记载有种类极其丰富的玉石,它们大多用于制作装饰品和祭祀用品,例如白玉、水玉、美玉、苍玉、碧玉、瑾瑜之玉、婴短之玉、青碧、瑶碧、璇、瑰、采石、白珠、帝台之石等等。

《中山经》中次七经记有:

> 中次七经苦山之首,曰休与之山。其上有石焉,名曰帝台之棋,五色而文,其状如鹑卵;帝台之石,所以祷百神者也,服之不蛊。

建筑和工具用石料。《山海经》记有种类极其丰富的石料，例如砥石、封石、洗石、美石、沙石、垩石等等，它们可以用于建筑和制造工具。

音乐和娱乐用石料。《五藏山经》多处记有磬石、鸣石。

《南山经》南次二经记有：

漆吴之山，无草木，多博石，无玉。

博石可制作棋子。

医药用矿石。《西山经》西次一经皋涂之山记有：

有白石焉，其名曰礜，可以毒鼠。

《东山经》东次一经记有：

高氏之山，其上多玉，其下多箴石。

郭璞解释箴石"可以为砥（砭）针治痈肿者"。

食用矿石。食盐（氯化钠）对许多动物来说都是一种必需的矿物质食物，因此不少动物都会主动寻找并舔食含盐的矿物或含盐的液体。早期的人类亦不例外。由于人类的生命智力远远超过其他动物的生命智力，因此随着人类智力的不断进步，人类不仅知道什么地方有盐矿，而且还会开采和加工制造盐类产品（包括食用和其他用途），《山海经》里就记录有许多人类与盐的故事。

《北山经》北次三经记有：

又南三百里，曰景山，南望盐贩之泽，北望少泽。

此处景山在今日山西省南部的解州，至今仍然是重要的盐产地；所谓"盐贩"表明，《五藏山经》撰稿时期，当地不仅有盐业生产，而且还有盐产品的贸易活动。

《海内经》记有：

"有盐长之国。有人焉，鸟首，名曰鸟氏。"

这位"盐长国"的首领鸟氏，或许就是民间传说里的盐水女神。

据说，当年巴人的先祖廪君曾来到盐水女神的领地，双方发生战争，盐水女神化为飞虫遮天蔽日，被廪君射杀。该故事揭示出在远古曾经发生过为了争夺盐产地的冲突或战争，这个盐产地就在今日三峡附近的大宁河，至今仍然是重要的盐产地。

能源用矿产。《山海经》的一些记载，被不少学者认为涉及煤炭、石油和天然气等能源矿产。例如，《西山经》西次三经密山的玉膏，就被认为是石油（也有学者认为是具有化肥性质的硝盐水）。《南山经》南次三经令丘山的"无草木，多火"现象，被解释为天然气外泄自燃。《海外东经》记述劳民国"为人面目手足尽黑"，有可能是开采煤炭时裸露在外的皮肤被粉尘染黑所致。

《海内经》记有：

> 北海之内，有山，名曰幽都之山，黑水出焉。其上有玄鸟、玄蛇、玄豹、玄虎、玄狐蓬尾。有大玄之山。有玄丘之民。有大幽之国。有赤胫之民。

这里到处都是黑的，俨然一处露天煤矿的景观。

未明用途矿石。《西山经》西次二经鸟危之山"其中多女床"，又有女床之山；"女床"之意至今尚无人能解，它可能是矿石，也可能是植物，或许可以用于制作女性用品。

《山海经》不仅记述有天文历法资源、地理矿产资源，还记述有大量生物资源和人文资源，涉及天、地、生、人等，各领域的资源均有所述及。

## 一、多姿多彩的植物资源

《山海经》记述有多姿多彩的植物资源，其中尤以《五藏山经》记述的内容最为翔实，记有植物（包括真菌类生物，下同）分布地525处，涉及的植物种类多达200余种。需要说明的是，不同学者的统计数字互有出入，其客观原因在于《五藏山经》文字的断句存在困难，难以区分某种植物是单字名，还是双字名，抑或是多字名。

《五藏山经》记述的植物，大体可划分为五种情况：其一是泛指的"草木"；其二是只有具体名称而没有明确述及其形态和用途的植物；其三是既有名称又描述其形态的植物；其四是既有名称又描述其形态、还记述其用途的植物，主要是食用、药用植物，通过食用或者佩戴达成药用目的；其五是形态或功能奇异的植物。此外，还有一些其他用途的植物资源，例如养蚕的桑树，制漆的漆树，制竹简、竹筏的竹类，制作用具、武器的植物，制作染料的植物，以及观赏和美容用的花草，等等。

众所周知，许多动物例如马、熊、猿猴，它们在身体不舒服、肠胃有寄生虫或者受到外伤的时候，都会去寻找吃下某些特定的植物，或者用某些植物的叶子、汁液涂抹伤口。有的卷尾猴甚至会选择某种有着特殊气味的植物叶子擦身体用以驱虫，而这种本领乃是后天学来的。

早期的人类，应该也有着类似上述动物那种利用植物的本领。由于人类的生命智力水平比马、熊、猿猴都要高，因此人类利用植物的本事更大。一是人类会通过观察其他动物如何利用植物资源，来丰富自己对植物资源的知识；二是人类有发达的语言、符号、文字，可以交流传承彼此利用植物资源的知识；三是人类拥有强烈的好奇心和创造欲，勇于尝试和善于发现新的可利用植物资源和其他各种资源，所谓"神农尝百草"的传说正是上述行为和精神的写照。

为了使读者对《山海经》的植物资源有一个基本的了解，这里选择介绍若干有特色的植物。《南山经》南次一经的招摇山是《五藏山经》记述的第一座山，有人说它是今日湖南省与江西省交界处的罗霄山，也有人说它是今日漓江上游的猫儿山。这里出产有两种植物资源：

> 有草焉，其状如韭而青华，其名曰祝余，食之不饥。
> 有木焉，其状如谷而黑理，其华四照，其名曰迷谷，佩之不迷。

谷树即构树，属落叶乔木，开淡绿色花，结红色果实；迷构树可能与构树类似，佩戴它的花果，则不会迷路、迷糊。

《西山经》西次一经的符禺山：

> 其上有木焉，名曰文茎，其实如枣，可以已聋。其草多条，其状如葵，而赤华黄实，如婴儿舌，食之使人不惑。

《北山经》北次一经的边春山：

> 多葱、葵、韭、桃、李。

《东山经》东次一经的姑儿山：

> 其上多漆，其下多桑柘。

《中山经》中次三经记有：

又东十里，曰青要之山，实惟帝之密都，北望河曲是多驾鸟。南望墠渚，禹父之所化，是多仆累、蒲卢。魈武罗司之，其状人面而豹文，小要而白齿，而穿耳以镰，其鸣如鸣玉。是山也，宜女子。畛水出焉，而北流注于河。其中有鸟焉，名曰鹟，其状如凫，青身而朱目赤尾，食之宜子。有草焉，其状如葌，而方茎黄华赤实，其本如藁木，名曰荀草，服之美人色。

《五藏山经》记述有两座帝都，一是《西山经》西次三经昆仑丘的"帝之下都"，二即此处的"帝之密都"，前者为黄帝族的大本营，后者为帝禹时代的后宫，它们在当初都应有庞大的建筑群，可惜早已荡然无存了。但是，位于河南洛阳偃师的二里头夏文化遗址，出土了大型宫殿基址（有人认为属于商代），面积达10000平方米，或即"密都"遗址。今日洛阳市新安县仍然有一处青要山风景名胜区（相传当初黄帝曾在此），以双龙峡谷为标志性景观。

此处"驾鸟"，实际上是管理后宫事务的官员及其下属服务员，类似昆仑丘的鸮鸟和西王母的三青鸟。由于密都是后宫，因此驾鸟有可能包括被净身的男人。在古代祭祀中，封土曰坛，除地曰墠；渚，水中的小块陆地。据此，"墠渚"可能是一处人工建造的祭祀圣地，祭祀的对象即禹的父亲鲧（在《山海经》里，所谓父子并不一定就是父亲与儿子，而是指前代与后裔）。相传鲧治水失败被处死后化为黄熊（能）入羽渊，此处墠渚或即羽渊，或者象征着羽渊。仆累、蒲卢可能是与祭祀活动有关的什物，也有人说它们是蜗牛、蛙类。

武罗身穿豹皮裙，齿白腰细，戴着金光灿灿的耳环，说话好像鸣玉般清脆，显然她就是后宫娘娘，亦即东方美神。这里的环境对后宫娘娘的生活再适宜不过了，既种植着可以美容的荀草，又饲养着有助于怀孕生下健康婴儿的鹟鸟肉可食，还有众多的服务员。根据上述记载，帝禹时代的后宫估计已经具有相当的规模。

《左传·襄公四年》记有："昔有夏之方衰也，后羿自钼迁于穷石，因夏民以代夏政。恃其射也，不修民事而淫于原兽。弃武罗、伯因、熊髡、龙圉而用寒浞。"据此可知，武罗在夏代仍然是著名的部落，武氏的姓氏可以追溯到《五藏山经》时期的武罗，如此说来武则天的美貌基因看来也是源远流长、渊源自有了。

综上所述，从《五藏山经》记述的内容可知，《五藏山经》撰稿时期，人们大多生活在青山绿水里，靠山吃山，靠水吃水。那时的自然生态环境和生存条件要比今天好许多，地大物博，人烟稀少，既没有工业污染，又没有过度的奢华浪费，堪称地地道道的绿色和谐华夏。

根据《五藏山经》的记录，绝大多数地区都有着绿色植被，明确记录没有草木的山（泛指区域地名），在《南山经》里有13处，《西山经》9处，《北山经》28处，《东山经》20处，《中山经》18处。也就是说，在《五藏山经》全部447处地域里，只有88处没有植被。有必要指出的是，其中许多"无草木"的地方，或是盐泽，或是雪山，或是孤岛，只有很少的几处是沙漠。据此可知，帝禹时代的华夏大地，到处都是绿色，到处都是生机盎然的景观。

特别值得注意的是，《西山经》绝大多数地方都是绿色盎然，仅仅有9处缺少植被的地方，是《五藏山经》东南西北中五大区域里"无草木"最少的一个区域，而它描述的地理范围正是今天我国的西部地区（秦岭以北，潼关至呼和浩特一线以西的黄土高原，以及河西走廊和天山一带）。也就是说，在4200年前的帝禹时代，这里同样到处都是绿色的原野。值得注意的是，今天的黄土高原已经处于荒漠化、沙漠化的边缘，干旱和沙尘暴正在越来越频繁地掠夺走黄土高原所剩不多的绿色。这样鲜明的对比和反差，不能不让每一个有责任感的华夏子孙深刻反思。

## 二、各种神奇植物的寓意

《山海经》除了记述有许多观测天文的神树，以及《五藏山经》记有多姿多彩的植物资源之外，《海外四经》《大荒四经》《海内五经》还记述有许多形态或功能奇异的植物，它们究竟寓意着什么呢？

《海外南经》：

> 三株树在厌火北，生赤水上，其为树如柏，叶皆为珠。一曰其为树若彗。

三株树又称三珠树，陶潜《读山海经》有"灿灿三珠树，寄生赤水阴"之句。郝懿行认为，《庄子·天地篇》"黄帝游乎赤水之北，遗其玄珠"的故事，即源于此处三珠树的记载。当年黄帝北渡赤水，登上昆仑丘，归途时不慎遗失玄珠，黄帝先后派善于思考的人、眼力好的人、勤问的人寻找玄珠却都没有找到，后来派一个名叫"象罔"的人，他迷迷糊糊地就把玄珠找到了。袁珂在《山海经校注》中认为这个古老的神话传说故事并非纯粹寓言："意者此生赤水上之三珠树，或为黄帝失玄珠神话之别传，为所失玄珠所生树乎？"据此，三珠树实际上可能是人工用珠玉装饰的玉树、神树、星星树，亦即后世的摇钱树。

《海外西经》：

> 肃慎之国在白民北，有树名曰雄常，先入伐帝，于此取之。

此处"先入伐帝"或作"先人代帝"、"圣人代立"。郭璞注："其俗无衣服，中国有圣帝代立者，则此木生皮可衣也。"雄常树疑即桦树，其树皮可制多种用具，亦可编织成衣。所谓"圣人代立"云云，当指新首领就职时要在被视为神树的一棵雄常树下举行取树皮的仪式。

肃慎又称息慎，系我国北方古老的民族，《竹书纪年》记有："帝舜有虞氏二十五年，息慎氏来朝，贡弓矢。"①

《海外北经》：

> 寻木长千里，在拘缨南，生河上西北。

《穆天子》卷六：

> 天子乃钓于河，以观姑繇之木。②

郭璞认为寻木即姑繇树，是一种生长在黄河边的大树。问题是，今日中国北方的樟子松高30米、胡杨高15米，均难与寻木比高。

《海外北经》：

> 欧丝之野在大踵东，一女子跪据树欧丝。三桑无枝，在欧丝东，其木长百仞，无枝。范林方三百里，在三桑东，洲环其下。

所谓"女子呕丝"，乃是古人祭祀蚕神时的一种巫术表演，由女巫（养蚕是女子之职）模拟蚕吐丝的样子。蚕马故事、帝女桑的记述则均与古人选育和改良桑蚕品质的活动有关，而煮元宵吃的习俗或谓亦源于煮蚕茧、祭蚕神活动。

《北山经》北次二经洹山记有"三桑"，《大荒北经》亦记有"三桑无枝"，袁珂注谓："此处无枝之三桑，当即跪据树欧丝女子之所食也。"如此说来，三桑无枝实为三桑无叶，因为桑叶已被化为蚕神的女子食尽了。进一步说，无枝无叶的桑树，或许亦可称之为"空桑"或"穷桑"。总之，三桑无枝是一种非常醒目的景观，它有可能标志着祭祀活动的圣地或丧葬地。范林像是海中绿岛，其实它是指墓地林，属于下文所述的颛顼葬所。

《大荒南经》：

---

①方诗铭、王修龄，《古本竹书纪年辑证》，上海古籍出版社，1981年。
②（晋）郭璞，《山海经》附《穆天子传》，京华出版社，2000年。

有宋山者，有赤蛇，名曰育蛇。有木生山上，名曰枫木。枫木，蚩尤所弃其桎梏，是为枫木。

枫，枫香树，亦指树叶多叉歧的树，亦指秋令时节红叶之树。桎梏，古代木制刑具。《周礼·秋官·掌囚》："中罪桎梏。"郑玄注："在手曰梏，在足曰桎。"

或许蚩尤所戴桎梏为枫木所制，因而弃之宋山后能长成枫树林。蚩尤为我国先夏时期最著名的部落或人物之一，曾长期与黄帝部落争夺势力范围，后被黄帝收服。蚩尤墓在今山东寿张县，至今晋、冀民间仍然流行"蚩尤戏"，游戏者头戴牛角而相抵，或一腿搭在另一腿膝上，单腿蹦跳而相抵。此处经文所述蚩尤事迹位于南方，或系蚩尤后裔南迁者，为了纪念蚩尤而种植枫树；宋山上的赤色育蛇，当与纪念蚩尤的巫术活动有关。

《大荒南经》：

有云雨之山，有木名曰栾。禹攻云雨，有赤石焉生栾，黄本，赤枝，青叶，群帝焉取药。

此处云雨山，疑当作禹攻云雨之山。经文"禹攻云雨"，袁珂在《山海经校注》中指出此即大禹在巫山治水的故事："（宋玉《高唐赋序》）谓神女瑶姬入楚怀王梦自云是'巫山之女，旦为朝云，暮为行雨'因荐枕席。疑此巫山或称'云雨山'也。而唐末杜光庭《墉城集仙录》乃谓禹理水驻巫山下，遇大风振崖，功不能兴，得云华夫人即瑶姬之助，始能'导波决川，以成其功'；此虽后起之说，然知民间古固亦有禹巫山治水之神话也。"其实，禹攻云雨山，似乎不单纯是为了治水，同时也是势力的扩张、资源的占有（取药）。

栾，又称栾华、灯笼树。落叶乔木，高10米，夏季开花，黄色，秋季果熟，蒴果囊三角状卵形；花可制黄色颜料、入药，叶可制青色颜料，种子可榨油，木材可制小器具。所谓赤石生栾，可能与祭祀栾树之神的巫术活动有关。

《大荒北经》：

　　大荒之中，有山名曰衡天。有先民之山。有槃木千里。

　　所谓"槃木千里"当为一种特殊景观；槃（pán），指承水盘；亦通般，快乐之意①。《论衡·订鬼篇》引《山海经》（今本无）云："沧海之中，有度朔之山，上有大桃木，其屈蟠三千里，其枝间东北曰鬼门，万鬼所出入也。上有二神人，一曰神荼，一曰郁垒，主阅领万鬼。恶害之鬼，执以苇索，而以食虎。于是黄帝乃作礼，以时驱之，立大桃人，门户画神荼、郁垒与虎，悬苇索以御凶魅。"袁珂认为度朔山屈蟠三千里的大桃木即"槃木千里"之属。

《海内南经》：

　　有木，其状如牛，引之有皮，若缨、黄蛇。其叶如罗，其实如栾，其木若蓝，其名曰建木。在窫窳西弱水上。

　　所谓建木如牛，郭璞注："《河图玉版》说，芝草树生，或如车马，或如龙蛇之状，亦此类也。"其实，牛字本有大意，植物种之特大者，其名前可加牛字形容。所谓"引之有皮"者，即剥下的建木树皮有丝絮状如冠缨或黄蛇。所谓"其叶如罗"，或谓绫罗，或谓网罗，或亦可指其树的树叶呈星罗棋布状。栾木已见《大荒南经》云雨山"群帝焉取药"。郝懿行认为蓝即刺榆。《海内经》记有九丘建木，袁珂认为建木即"天梯"。我国四川三星堆出土有青铜神树，高近4米，上有九只青铜鸟，或以为即建木、扶桑树、服常树之类。

《海内西经》：

　　昆仑之虚，方八百里，高万仞。上有木禾，长五寻，大五围。

　　此处昆仑墟上的木禾，郭璞误以为即《穆天子传》黑水之阿的野

---

① 《实用汉字字典》，上海辞书出版社，1985年。

麦，其实它应当属于建木之类的神树，一寻的长度为8尺。

《海内西经》：

> 开明北有视肉、珠树、文玉树、玗琪树、不死树。凤
> 皇、鸾鸟皆戴蛇。又有离朱、木禾、柏树、甘水、圣木
> 曼兑，一曰挺木牙交。

根据《山海经》的惯例，凡是有视肉、不死树等物的地方，通常都是先祖陵墓的所在地，或者是后人祭祀先祖的场所。从开明北的场景可知，这里是黄帝族祭祀先祖的场所。珠树，袁珂认为即《海外南经》的三株树。文玉树，郭璞注："五采玉树。"玗琪，或谓即珊瑚树；其实，它们均为象征不死的神树或随葬玉器，已见于《海外南经》狄山帝尧、帝喾葬所。进一步说，珠树、文玉树、玗琪树、不死树，其文化内涵与后世的摇钱树和西方的圣诞树有类似之处，均源于"星星树"，即通过供奉满天星斗来祈求平安、财富和长寿。蛇，盾也，戴蛇即佩戴盾状饰物，当是祭祀先祖时的特定装饰。此处"甘水"疑当作"甘木"，因前后叙述的都是具有巫术象征意义的神树。圣木曼兑又名挺木牙交，或谓即璇树。不过，从其名称来看，其形状类似圭表或柜格松，当有着某种天文巫术象征作用，可能具有沟通人与天的神力。

《海内西经》：

> 服常树，其上有三头人，伺琅玕树。

郭璞注："服常木，未详。"《淮南子·地形训》记有"沙棠、琅玕在昆仑东"，吴任臣认为此处"服常疑是沙棠"。其实，服为服事、服役，常为旗帜。《周礼·春官·司常》："王建太常，诸侯建旂。"郑玄注："王画日月，象天明也。"据此，服常树实际上是一杆大旗，三头人即警卫队，他们负责看护琅玕等重要景点。所谓"三头"乃三种面具，以表示其工作状态，例如执勤、巡逻、休息等。

《海内西经》：

开明南有树鸟，六首：蛟、蝮、蛇、蜼、豹、鸟秩
树，于表池树木，诵鸟、鹖、视肉。

所谓树鸟六首，其形貌即图腾柱，同时又是路标，即每一种"鸟"
代表一个图腾，每个图腾鸟所指的方向即该图腾部落或氏族的栖息地，
此外它还有指示时间的作用。所谓表池树木即在华池中树表，称为华
表，为部落成员聚众议事的场所。所谓诵鸟即传达首领旨意的官员，其
身份由其所持鸟羽为代表，后世"拿着鸡毛当令箭"或即源于此。

《海内经》：

有九丘，以水络之，名曰：陶唐之丘、有叔得之
丘、孟盈之丘、昆吾之丘、黑白之丘、赤望之丘、参卫
之丘、武夫之丘、神民之丘。有木，青叶紫茎，玄华黄
实，名曰建木，百仞无枝，上有九欘，下有九枸，其实
如麻，其叶如芒，大暤爰过，黄帝所为。

所谓建木"百仞无枝"与"三桑无枝"类似，具有某种巫术象征意
义。所谓建木九欘、九枸，意思是建木的枝和根分别都与九丘相连络，
以表示九丘所祭祀之先祖有着共同的精神和相通的血脉。显然，这种建
木不可能完全由自然长成，它应当有人为的加工，或者它就是由人造的
神树，青色的叶、紫色的枝干、玄色的花、黄色的果，以便营造出一种
自然界没有的神奇而又神秘的景观，其设计灵感则源自"大暤（亦即伏
羲）爰过，黄帝所为"。《淮南子·地形训》："建木在都广，众帝所
自上下，日中无景，呼而无响，盖天地之中也。"袁珂注："古人质
朴，设想神人、仙人、巫师登天，亦必循阶而登，则有所谓'天梯'者
存焉。"并指出天梯一为神山、二为神树，此处建木即神树天梯。

## 三、各种各样的动物资源

《山海经》记述有各种各样的动物资源，其中尤以《五藏山经》记述的内容最为翔实，记有动物分布地473处，涉及动物种类约300种。中国科学院动物研究所研究员郭郛将它们划分为化石类、螺蚌类、甲壳类、昆虫类、鱼类、鸟类、两栖类、爬行类、兽类，以及图腾动物类。

《五藏山经》记述的动物，大体可划分为五种情况：一是只有具体名称而没有明确述及其形态和用途的动物，它们多是人们熟知或常见的动物；二是既有名称又描述其形态的动物；三是既有名称又描述其形态，还记述其用途的动物；四是形态怪异的动物（包括奇异生物）；五是半人半兽的动物。

这里先介绍《南山经》南次一经几座山的动物情况，其地理方位大体在东经110度以东至东海，北纬28度上下的区域。

> 又东三百八十里，曰猨翼之山，其中多怪兽，水中多怪鱼，多白玉，多蝮虫，多怪蛇，多怪木，不可以上。

关于蝮虫，郭璞注谓"色如绶文，鼻上有针，大者百余斤，一名反鼻虫，古虺字"。绶即丝带，古人常用紫色绶带系在印玺上，所谓"色如绶"，或即指紫色。通常认为虺属蛇类，长二尺，土色无文，有剧毒。蝮虫或即蝮蛇，灰黑色，有黑褐色斑纹，头三角形，颈细，鼻反钩，尾部短小，有毒，喜栖湿地，捕食鼠、蛙。所谓此山多怪兽、怪鱼、怪蛇、怪树，从记述的口气可知，这是一名外来的实地考察者，在忠实地描述所看到的情况。事实上，《山海经》的文字，绝大多数使用的都是陈述句，有什么说什么，看到什么说什么。

> 又东三百七十里，曰杻杨之山，其阳多赤金，其阴多

白金。有兽焉，其状如马而白首，其文如虎而赤尾，其音如谣，其名曰鹿蜀，佩之宜子孙。怪水出焉，而东流注于宪翼之水；其中多玄龟，其状如龟而鸟首虺尾，其名曰旋龟，其音如判木，佩之不聋，可以为底。

鹿蜀既像是斑马，又像是马鹿，古人称其为虎文马，据说明朝末年还曾出现在中国闽南一带，或许秦二世时赵高"指鹿为马"的故事主角正是鹿蜀。鹿蜀的叫声像母亲在轻轻地吟唱催眠的歌谣，因此用它身体的什么部位制作的装饰物就具有"佩之宜子孙"的功效。旋龟发出的叫声仿佛劈木头声一样，佩戴用它的龟壳制成的吉祥物，能够保护耳朵的听力。"可以为底"是说可以治疗足部的鸡眼之类的毛病。

又东三百里曰柢山，多水，无草木。有鱼焉，其状如牛，陵居，蛇尾有翼，其羽在魼下，其音如留牛，其名曰鯥，冬死而夏生，食之无肿疾。

一般来说"多水"的地方应当多草木，此处却说"无草木"，如果不是经文有错字，那么就表明这里的水为咸水盐泽，因此不适于草木生长。鯥鱼是一种两栖类冬眠动物，可以生活在陆地上，它有着蛇一样的尾部，肋下还长着羽翼（可能是一种比较发达的鱼鳍），发出"留牛"（谐声字）的声音，吃了它的肉可以治疗肿疾。从形象看，它像是一种腿比较长的鳄或巨蜥，也有人说它是穿山甲。在《山海经》中，凡是说"食之"如何的动物、植物，无论它们怎么样的奇形怪状，通常都是自然界真实存在的生物。

又东三百里曰青丘之山，其阳多玉，其阴多青腝。有兽焉，其状如狐而九尾，其音如婴儿，能食人，食者不蛊。有鸟焉，其状如鸠，其音若呵，名曰灌灌，佩之不惑。英水出焉，南流注于即翼之泽；其中多赤鱬，其状如鱼而人面，其音如鸳鸯，食之不疥。

青丘山的九尾狐"能食人，食者不蛊"，通常都理解为九尾狐能吃人，人吃了九尾狐的肉不患蛊病（避开妖邪之气）。但是《五藏山经》记述其他食人兽时都说"是食人"，唯独这里用"能食人"；或许可以理解为九尾狐能够给人送来珍异的食物，人吃了这种食物就能够不中邪。事实上，在古代文化中，九尾狐是一种祯祥之物，它的出现意味着天下太平、子孙昌盛。在汉代石刻画像砖上，九尾狐常与白兔、蟾蜍、三足乌并列于西王母座旁，属于四瑞之一。灌灌或谓即白鹳。赤鱬或谓是哺乳动物儒艮，俗称美人鱼。

接下来介绍《西山经》西次一经几座山的动物情况，其地理方位即今日秦岭。

> 西山经华山之首，曰钱来之山，其上多松，其下多洗石。有兽焉，其状如羊而马尾，名曰羬羊，其脂可以已腊。

所谓"华山之首"，是说西次一经这条山脉总称华山。钱来山的名字，顾名思义应当与"钱"有关。不过，钱在古代原本是指一种农具，又可指衡器、酒器，并非仅仅指货币。或许，所谓"钱来"原本是"羬羊"，因音同和字形相近而讹误。洗石是一种澡浴时用于帮助除去污垢的石头，它可能具有碱性因而能够去油污，或者具有摩擦力，类似今日市场上用火山灰岩制成的搓澡石。羬羊是一种体形较大的羊，它的油脂可以治疗因寒冷而冻出的体皴，表明当时已经有了护肤用品。

> 又西六十里，曰太华之山，削成而四方，其高五千仞，其广十里，鸟兽莫居。有蛇焉，名曰肥𧎮，六足四翼，见则天下大旱。

太华山即西岳华山。削成而四方，是考察者对其形貌的描述；高五千仞、广十里，也应当是有实测依据的。今日华山海拔高2083米，约合6200市尺；古代一仞为八尺，五千仞合四千尺；虽然古尺比今日市尺略短一些，但是考虑到华山的相对高度也要比海拔高度低一些，华山高

"五千仞"的数字还是比较准确的。在《五藏山经》里，华山是唯一记述有明确高度的山，表明考察者对这里有着特殊的重视。能跑能飞长着六足四翼的大蛇，也许只会在侏罗纪恐龙世界里存在。因此，这里的肥蟥蛇，更有可能是由人装扮成的，目的是预告世人是否将发生旱灾。一般来说，农民比牧民更关心旱灾是否发生，因为牧民可以逐水草而居，而农民离开故土就难以生存。进一步说，在水灾与旱灾之间，旱灾对农业的危害要更大一些，因为旱灾通常都是大面积、长时间的，往往造成颗粒不收。

> 又西三百二十里，曰嶓冢之山，汉水出焉，而东南流注于沔。嚻水出焉，北流注于汤水。其上多桃枝、钩端，兽多犀兕熊罴，鸟多白翰赤鷩。有草焉，其叶如蕙，其本如桔梗，黑华而不实，名曰蓇蓉，食之使人无子。

潘冢山为汉水的发源地，古人亦称汉水为沔水。今日汉江源头之一在秦岭太白山附近，太白山海拔3767米，其北麓的眉县有汤峪泉，泉出太白山石缝，受死火山岩浆加热，水温近沸。今日秦岭早已无犀牛，也很少有熊罴，倒是还有大熊猫。桃枝、钩端，均为竹类。白翰即白色野鸡。蕙为香草。蓇蓉可避孕。

《五藏山经》还有一些值得特别提到的动物，例如《北山经》北次一经谯明山的何罗鱼：

> 又北四百里，曰谯明之山，谯水出焉，西流注于河。其中多何罗之鱼，一首而十身，其音如吠犬，食之已痈。有兽焉，其状如貆而赤豪，其音如榴榴，名曰孟槐，可以御凶。是山也，无草木，多青雄黄。

谯与瞧可通用，古代城楼上的瞭望台称谯楼。谯水西流注入黄河，可知谯明山属于今日的吕梁山山脉。何罗鱼可能是一种喜欢头与头扎堆在一起的鱼，看起来好像是一个头十来个身子。相传何罗鱼可以化作鸟，其名休旧；也有人认为何罗鱼属于头足类的章鱼或乌贼，然而此处淡水河里在古代是否有海水鱼类，还需要找到考古学上的证据[①]。孟槐即红毛大野猪。

又如，《东山经》东次二经余峨山的狪狪：

> 又南三百八十里，曰余峨之山，其上多梓枏，其下多荆杞。杂余之水出焉，东流注于黄水。有兽焉，其状如菟而鸟类喙，鸱目蛇尾，见人则眠，名曰狪狪，其鸣自詨，见则螽蝗为败。

狪狪，一种头尾及胸部长有鳞片、腹部有毛的哺乳动物，杂食，穴居土中，遇到威胁或危险便卷成一团装死。狪狪现多见于拉丁美洲，当地人吃其肉，用其鳞甲制作提篮等物。关于狪狪的记述，表明我国古代山东、江苏一带也是狪狪的产地。所谓"见则螽蝗为败"，当指狪狪喜食蝗虫，是蝗虫的克星。

再如，《中山经》中次九经崏山有着大量犀牛和大象：

> 又东五百里，曰崏山，其阳多金，其阴多白珉；蒲鸏之水出焉，而东流注于江，其中多白玉；其兽多犀象熊罴，多猨蜼。

崏，鼎类器物。蜼，汪绂注谓："猿属，仰鼻岐尾，天雨则自悬树，而以尾塞鼻。"崏山位于今日四川盆地的岷山和大巴山一带，距离著名的三星堆、金沙文化遗址不远。《五藏山经》考察撰稿时期，这里还有众多犀牛和大象，说明当时的气候要比今日温暖许多，而三星堆、金沙出土数量可观的象牙，足可充分证明《五藏山经》的考察记述具有很高的真实性和可靠性。

此外，《山海经》里多处记述一种奇怪的不明生物"视肉"，诸如《海外南经》《海外北经》《大荒东经》《大荒南经》《大荒西经》

---

① 张华，《山海经·五藏山经图译》，国家图书馆出版社，2008年。

71

《大荒北经》《海内西经》都记述有视肉，可惜只是提到名称，并无任何描述，这表明视肉在当时应该是人所共知的东西。关于视肉，郭璞注谓："聚肉，形如牛肝，有两目也；食之无尽，寻更复生如故。"据此视肉有可能是一种生长迅速的真菌，或许亦即民间所说的不敢在太岁头上动土的"太岁"。值得注意的是，近年我国北方不少地方陆续出土类似视肉的不明生物，它们能够自我生长，而且能够净化水质，有胆大的人尝试吃过，似乎并无毒副作用。奇怪的是，对这种不明生物却检验不出细胞结构和DNA，或许它们是一种没有细胞膜和DNA的最原始的生物。

## 四、多种多样的药物资源

《山海经》记载有多种多样的药物资源，其中有些具有药用功能的矿石、植物、动物，可能由于它们属于人所共知的，因此《山海经》里没有明言其药效。根据赵璞珊的统计，《山海经》（主要是《五藏山经》）明确记述药用功能的物种共计132种，其中矿石类有5种，草本类植物有28种，木本类植物有23种，兽类动物有16种，鸟类动物有25种，水族类动物有30种，其他类有5种。这些药物均为单方，而且没有用量，充分表明其具有原始古朴性质。[1]

《山海经》记载的药物，可以对应治疗的人体病症约四五十种，涉及消化系统疾病、呼吸系统疾病、心血管系统疾病、传染病、妇科病、五官科疾病、皮肤病，以及神经系统疾病和心理疾病，等等。有趣的是，《山海经》还记述了许多特殊功能的药物（从广义上而言），例如"服之不畏雷"、"养之不忧"、"食之使人无子"、"服之不字（即不怀孕）"、"服之美人色"、"食之宜子孙"、"服之不妒"、"食

①赵璞珊，《山海经记载的药物、疾病和巫医——兼论山海经的著作时代》，收入中国《山海经》学术讨论会编辑的《山海经新探》一书，四川省社会科学院出版社，1986年。

之多力"、"食之善走"、"佩之不迷",等等。此外,《山海经》也有少量的兽用药。关于《山海经》里的药物资源,本书在介绍《山海经》的矿产资源、植物资源和动物资源时已涉及,这里就不再举例。

在《山海经》时代,几乎人人都会采集一些药物自行服用,但是采集药物、医治病人的工作主要还是由巫师承担。当然许多巫师还同时承担着其他的工作,因为那个时代的巫师实际上兼有科学家、工程师和社会活动家的性质。

《山海经》记载与医药活动有关的地方包括巫山、巫咸国、巫载民,与医药活动有关的巫师有巫凡、巫即、巫抵、巫肦、巫姑、巫相、巫咸、巫真、巫阳、巫彭、巫履、巫谢、巫礼、巫罗。

《大荒南经》:

> 有巫山者,西有黄鸟。帝药,八斋。黄鸟于巫山,司此玄蛇。

> 有云雨之山,有木名曰栾。禹攻云雨,有赤石焉生栾,黄本,赤枝,青叶,群帝焉取药。

袁珂认为,《山海经》此处所说的巫山、云雨山,即今日长江三峡巫峡的巫山。

所谓"黄鸟于巫山,司此玄蛇",是说黄鸟负责守护巫山的神药,不让玄蛇偷药。显然,这里面未述及的情节,与后世《白蛇传》青蛇(青即玄色、黑色)去巫山偷灵芝仙草的故事,很可能有着某种内在的联系。栾树的花可制黄色颜料、入药,"赤石生栾"可能与祭祀栾树之神的巫术活动有关。

《大荒西经》:

> 有灵山,巫咸、巫即、巫肦、巫彭、巫姑、巫真、巫礼、巫抵、巫谢、巫罗十巫,从此升降,百药爱在。

值得注意的是,在《山海经》十八章中,《五藏山经》里还没有"巫"的称呼。《海外四经》里仅提到一个巫咸,而到了《大荒四经》

《海内五经》里则出现了群巫。由于经文过于简略，也给我们留下了许多问题：如此众多的巫在一起工作，他们是男是女？年老年少？如何分工？有何组织结构？谁是巫师协会的头？他们的收入各是多少？

从灵山十巫的排序来看，似乎巫咸是首席巫师。从他们的名称来看，巫即做事雷厉风行，巫朌可能负责管理巫术活动中的器具或者负责分配财物，巫彭可能是一位身壮力大者或有长寿仙术者，巫姑当是女性，巫真有变成仙人登天之术，巫礼负责巫术仪式设计，巫抵负责仪式安全，巫谢负责公共关系，巫罗负责召集民众。当然，仅凭十巫每个人姓名里的一个字，我们不会对上述信息解读的准确性抱有太高的奢望。

《海内西经》：

> 开明东有巫彭、巫抵、巫阳、巫履、巫凡、巫相，夹
> 窫窳之尸，皆操不死之药以距之。窫窳者，蛇身人面，
> 贰负臣所杀也。

《大荒西经》灵山十巫与《海内西经》六巫对照，相同的有巫彭、巫抵。郝懿行认为巫履即巫礼，巫凡即巫朌，巫相即巫谢。此处六巫之行为，郭璞认为乃神医用不死药清除窫窳身上的"死气"以使其重生，并概括为："窫窳无罪，见害贰负，帝命群巫，操药夹守；遂沦弱渊，变为龙首。"其实，所谓"皆操不死药以距之"，既指正常的手术，也包括对尸体的防腐处理，因为古人相信如果某人的尸体不腐，那么他的灵魂亦可不死。

开明东的六巫和窫窳均属于黄帝族，而贰负则属于炎帝族。上述巫医活动的方位选择在东方，当有所考虑。一是，东方是太阳升起的方向，可以象征着新生。二是，这里可能是距离前线战场最近的地方，因此有利于及时对伤员进行救治，以及对阵亡者的尸体进行防腐处理，并对其灵魂进行安抚。事实上，在中国古史传说中，黄帝族的敌人或对手多居住在东方，因此双方战场通常也都在黄帝族大本营的东面。

# 五、怪兽之谜：消失的动物与巫师的杰作

《山海经》记载有许多奇形怪状甚至匪夷所思的动物，由于这些动物在现实生活中并不存在，因此这是导致包括司马迁在内的许多学者对《山海经》内容真实性产生怀疑的重要原因之一。其实，《山海经》的怪兽之谜，在很大程度上与远古动物由于自然生态环境变化而灭绝有关，或者与当时人们对巫术活动的兴趣有关。具体来说，《山海经》的怪兽可划分为三种类型：第一种是能吃能用的怪兽，第二种是具有预警功能的怪兽，第三种是具有象征意义的怪兽。如果读者仔细观察和分析这几类怪兽，相信可以得到如下见解：

1. 在《山海经》里，凡是能吃能用的怪兽，或者说具有实际功能的怪兽，无论它们怎么样地神奇，都是在自然界里曾经真实存在过的动物。这些在今天已经消失了的动物，当年撰写《山海经》的考察者有可能亲眼目睹过，或者从他人那里得知了相关的信息。道理很简单，因为虚构的动物既不能吃也不能用。

《西山经》西次一经皋涂山：

> 有鸟焉，其状如鸱而人足，名曰数斯，食之已瘿。

数斯这种长着人足、样子像是鹞鹰或猫头鹰的怪鸟，就是自然界曾经真实存在过的动物，古人相信吃了它的肉可以治疗大脖子病。

《中山经》中次一经霍山：

> 有兽焉，其状如狸，而白尾有鬣，名曰胐胐，养之可以已忧。

胐胐是当地人饲养的一种颈部毛很长、样子像狸、能逗人喜爱的宠物，这可能是我国饲养家猫的最早文字记录。

2.在《山海经》里记述有许多具有预警功能或者巫术功能的怪兽，这类怪兽既有自然界真实存在的动物，也有巫师装扮、模拟制造出来的怪兽，类似今日孔雀舞、狮子舞的扮演者。

《海内西经》记有"帝之下都"昆仑墟，这里有九座门，门口有开明神兽把守：

> 开明兽身大类虎而九首，皆人面，东向立昆仑上。

所谓九首人面虎身的开明兽，当是一座巨型塑像，立于黄帝都城的东门前，昂首向着东方。其形象在《大荒西经》为：

> 昆仑之丘，有神，人面虎身，有文有尾，皆白，处之。

在《西山经》为：

> 帝之下都，神陆吾司之。其神状虎身而九尾，人面而
> 虎爪。是神也，司天之九部及帝之囿时。

郭璞注："天兽也。《铭》曰：'开明为兽，禀资干精，瞪视昆仑，威震百灵。'"其实，古文"开"与"启"可互换，开明原应作启明。从其名称和东向立可知，开明兽的职责是观测启明星，迎接太阳的东升，与神陆吾"司天之九部及帝之囿时"相符，而九首或九尾则象征着九重天。从其形貌来看，昆仑墟前的虎身人面兽，与古埃及金字塔前的狮身人面像，有着异曲同工之妙。

《西山经》西次三经：

> 又西二百八十里，曰章莪之山，无草木，多瑶碧。
> 所为甚怪。有兽焉，其状如赤豹，五尾一角，其音如击
> 石，其名曰狰。有鸟焉，其状如鹤，一足，赤文青质而
> 白喙，名曰毕方，其鸣自叫也，见则其邑有讹火。

经文"所为甚怪"，按前后文意，似应在"其名曰狰"之后，是说狰这种动物的行为怪异。《海外南经》《海内西经》亦有毕方鸟的记载，其地理方位亦在昆仑附近。关于毕方鸟的叫声"毕方"，袁珂先生

敏锐地指出此乃竹木燃烧时所发出的噼啪声响，并据此认为毕方鸟即火老鸦，很有理也。今日贺兰山有一种珍禽蓝马鸡，它的叫声"格拉"粗厉而短促，翅短不能远飞，翎羽长而艳丽，或许即毕方鸟的原形。进一步说，此处毕方鸟又可能是古代消防队员的标志性装束，一旦发生火灾，他们要及时行动，并大声模仿竹木燃烧的噼啪声以示警（昆仑帝都"其光熊熊、其气魂魂"，表明当时用火煮食、取暖、照明、加工的规模相当大，因此需要有消防工作）。与此同时，五尾一角的狰"其音如击石"，恐怕也不是自然界的动物，而是掌管打火石的人所特有的一种身份装束。

3. 在《山海经》里记述有许多具有象征意义的怪兽，这类怪兽通常都属于当时人的图腾崇拜或者自然神灵崇拜的对象。

《五藏山经》记述有26条山脉（相当于区域），每处居民都要供奉当地的神灵，这些神灵通常都属于当时人的图腾崇拜或者自然神灵崇拜的对象，其形貌或为怪兽或为半人半兽。例如，《南山经》南次一经供奉鸟身龙首之神，南次二经供奉龙身鸟首之神，南次三经供奉龙身人面之神。

《西山经》西次二经供奉人面马身之神，西次三经供奉羊身人面之神。

《北山经》北次一经和北次二经地区的居民都供奉蛇身人面之神；北次三经地区的居民一部分人供奉马身人面之神，另一部分人供奉彘身戴玉之神，第三部分人供奉彘身八足蛇尾之神，他们都有一种特殊的习俗"皆食不火之物"，这可能是有关寒食节风俗的最早的文字记载了。

《东山经》东次一经供奉人身龙首之神，东次二经供奉兽身人面（头戴麋鹿角）之神，东次三经供奉人身羊角兽头之神。

《中山经》中次二经供奉人面鸟身之神，中次三经供奉泰逢神、熏池神、武罗神，中次四经供奉人面兽身之神，中次七经供奉猪身人面之神和三首人面之神，中次八经供奉鸟身人面之神，中次九经供奉马身龙首之神、熊神、祖先之神，中次十经供奉龙身人面之神和祖先之神，中

次十一经供奉猪身人首之神和祖先之神，中次十二经供奉鸟身龙首之神
和祖先之神，等等。

众所周知，供奉神灵乃是人类行为与动物行为的重大区别之一。
从生命智力学暨智因进化论的角度来看，"供奉神灵"实际上标志着人
类生命智力的一种新发展，其意义在于，人类的大脑思维生命智力系统
能够"虚构"出来某种自然界没有的事物——神灵，并赋予这种虚构出
来的神灵具有超越自己或者是超自然的能力，然后再通过对神灵的"操
控"（包括祈求或强求）来达成自己的愿望。毋庸置疑，大脑思维生命
智力系统自主进行的"虚构"行为，对人类社会的发展具有重要的不可
或缺的价值，它实际上体现着大脑思维生命智力系统对自身能力不断发
展的某种期望，因此不能简单地以"迷信"一言以蔽之。

对于人类来说，天文历法资源很重要，地理矿产资源很重要，生物资源很重要；与此同时，同样重要的甚至更重要的还有人文资源。这是因为，所有的自然资源都只能在人文资源的使用下发挥作用。人文资源包括人口资源、人力资源、人才资源，以及文化资源、信息资源、科学技术资源，等等。《山海经》记述的中国远古人文资源呈现出瑰丽奇异的特点，本书重点从远方异国分布图、氏族血缘传承路线图、奇异的灾难预警与生存状况预报、卓越的发明与创新、从洪荒世界走出来的科技工作者等五个方面，逐一予以解读。

## 一、远方异国分布图

《山海经》记述有大量人类活动场景，包括氏族、部落和远方异国的地理分布及其人文资源信息，构成一幅幅远方异国分布图。

《五藏山经》记述的人文资源分布在南西北东中五大区域的26条山脉里，描述有人文活动场景95处，主要涉及当地居民、人神（包括祖先神、图腾神）等。这里以人神为例：

《西山经》西次三经记有：帝之搏兽之丘、黄帝、鼓、钦䲹、葆江、神英招、天神、神陆吾、神长乘、西王母、白帝少昊、员神磈氏、神江疑、神耆童、帝江、神红光。西次四经记有：神魃。

《北山经》北次三经记有：炎帝、女娃（精卫）。

《中山经》中次三经记有：神熏池、禹父、神武罗、泰逢神。中次六经记有：神骄虫。中次七经记有：帝台、百神、（炎）帝女、神天愚。中次八经记有：神蟲围、神计蒙。中次九经记有：熊穴神人。中次十一经记有：神耕父。中次十二经记有：神于儿、（尧）帝之二女、怪神。

大体而言，《五藏山经》记述的人神，主要集中在《西山经》《北山经》和《中山经》，其中尤以西次三经和中次三经、中次七经里记述的人神最为众多，表明这些区域的人文活动（包括历史）相对比较丰富。

有必要指出的是，《五藏山经》在记述人文活动的同时，也或多或少记述了与之相关的自然环境变迁信息。让我们以精卫填海的故事为例。

《北山经》北次三经：

> 又北二百里，曰发鸠之山，其上多柘木。有鸟焉，其状如乌，文首、白喙、赤足，名曰精卫，其鸣自詨。是炎帝之少女名曰女娃，女娃游于东海，溺而不返；故为精卫，常衔西山之木石，以堙于东海。漳水出焉，东流注于河。

漳水在河南省安阳殷墟以北的地方，向东流入黄河；漳水的上游有两个支流，分别称之为清漳水和浊漳水，发鸠山当在此地不远。今山西省长子县西25公里处，有一座海拔1646米的山，当地人相信这就是精卫填海的发鸠山（又称西山），而且也是共工撞倒的不周山。它的东面有羊头山（属山西高平市），相传即炎帝居住的地方，下有神农城、炎帝陵等众多文化遗迹。

精卫填海的故事与沧海桑田的古老记忆有关。大约在一万年前，由于海平面比今日低数十米到上百米，我国渤海的全部以及黄海、东海的大陆架均为陆地。所谓"女娃游于东海"，即炎帝族的一支嫡系部落向东部拓疆，迁徙到当时的海边居住。所谓"溺而不返"，是说由于气候变暖，海平面上升，女娃部落遭到灭顶之灾。所谓"故为精卫"云云，是说女娃部落的幸存者退到太行山脉居住，她们装扮成精卫鸟，举行巫术仪式，将太行山的木石象征性地投入东海，以期将海水堙平，恢复往日的美好家园。事实上，炎帝族与黄帝族的长期战争和冲突，正是在上述海侵事件导致的生存地域减缩的大环境变迁的基础上展开的。

可以进一步推论的是，当年向东海之滨迁徙的女娃部落，除了一部分人遭到灭顶之灾，一部分人退回太行山等内陆地区，还有一部分人则登上东海日本列岛，成为日本列岛的早期居民。日本人对太阳神、太阳女神天照大神的先祖崇拜，或即源于炎帝族的女娃部落。炎帝族当时尚处于母系社会，炎帝之名具有太阳神的神格，炎帝的女儿女娃也应该是太阳女神。事实上，女娃的"娃"字，包含"圭"字符，而"圭"正是观测太阳高度的天文仪器，因此女娃的名字也表明她具有太阳神的神格，亦即太阳女神。

《海外四经》以记述南西北东四方的远方异国人文资源信息为主。

《海外南经》从西南方位到东南方位记述有：结匈国、羽民国、二八神、灌头（朱）国、厌火国、三苗（毛）国、载国、贯（穿）匈国、交胫国、不死民、岐舌国、羿、凿齿、三首国、周饶（焦侥）国、长臂国、帝尧、帝喾、南方之神祝融。

《海外西经》从西南方位到西北方位记述有：结匈国、夏后启、三身国、一臂国、奇肱国、形（刑）天、（黄）帝、女祭、女戚、丈夫国、女丑之尸、巫咸国、群巫、女子国、轩辕国、诸夭野之民、神圣、白民国、肃慎国、帝、长股（脚）国、西方之神蓐收。

《海外北经》从东北方位到西北方位记述有：无晵国、烛阴、一目国、柔（留）利国、共工之臣相柳、禹、深目国、无肠国、聂耳国、夸父、博父国、拘（利）缨国、跂（大）踵国、女子欧丝、帝颛顼、九嫔、北方之神禺彊。

《海外东经》从东南方位到东北方位记述有：大人国、奢比（肝榆）之尸、君子国、神天吴（水伯）、青丘国、帝禹、竖亥、黑齿国、雨师妾、玄股国、毛民国、劳（教）民国、东方之神句芒。

上述远方异国的名称非常有意思，也有些古怪，实际上它们大都是抓住远方居民的某一特征而言。例如，羽民国的居民当是以羽毛装饰身体为特点；岐舌国的居民当是以语言翻译为谋生手段；长股国的居民擅长踩高跷表演；柔利国的居民当是以柔术表演而闻名；跂（大）踵国的居民为了在雪地行走而穿上厚大的鞋子；等等。

　　根据《海外四经》提及夏后启（夏代初期人），而没有提及商代、周代的人物，可知其文撰稿时间应该在夏代。遗憾的是，《海外四经》未言明其记述者所在的地理方位，因此我们也就不清楚《海外四经》的地理中心点在哪里，这对我们分析了解《海外南经》《海外西经》《海外北经》《海外东经》记述的远方异国的具体方位带来了麻烦和困难，而研究《山海经》的学者却很少讨论这个问题。或许，读者可以尝试揭开《海外四经》地理中心方位之谜。

　　《大荒四经》记述有丰富多彩的远方异国人文资源信息。

　　《大荒东经》从东南方位向东北方位记述有：少昊国、帝颛顼、大人国、大人市、大人堂、小人国、靖人、犁、蒍国、中容国、帝俊、君子国、思幽国、晏龙、思土、思女、白民（销姓）国、帝鸿、青丘国、柔仆民、维嬴土国、黑齿国、夏州国、盖余国、神天吴、神折丹、禺䝞、黄帝、禺京、海神、玄股国、困民（勾姓）国、王亥、有易、河泊、摇民、帝舜、戏、两人、女丑、奢比尸、帝俊下友、壎民国、女和月母国、鹓、应龙、蚩尤、夸父。

　　《大荒南经》从西南方位向东南方位记述有：舜、叔均、帝药、帝俊、娥皇、三身（姚姓）国、季禺国、颛顼、羽民国、卵民国、盈民（于姓）国、不死（阿姓）国、神不廷胡余、神因因乎、季釐国、少昊、倍伐、载民国、帝舜、无淫、巫载（盼姓）民、凿齿、羿、蜮民（桑姓）国、蚩尤、祖状之尸、焦侥（几姓）国、禹、群帝、颛顼国、伯服、鼬姓国、昆吾之师、张弘国、张弘、驩头国、鲧、士敬、炎融、帝尧、帝喾、羲和国、菌人。

《大荒西经》从西北方位向西南方位记述有：禹攻共工国、淑士国、颛顼、神十人、女娲之肠、石夷、白氏国、长胫国、西周（姬姓）国、叔均、帝俊、后稷、台玺、赤国妻氏、先民国、北狄国、黄帝、始均、太子长琴、老童、祝融、巫咸、巫即、巫盼、巫彭、巫姑、巫真、巫礼、巫抵、巫谢、巫罗、西王母、沃国、沃民、昆吾、女丑之尸、女子国、丈夫国、弇州国、轩辕国、神弇兹、嘘、重、黎、噎、天虞、常羲、孟翼、黄姞之尸、神（陆吾）、寒荒国、女祭、女薎、寿麻国、南岳、女虔、季格、夏耕、成汤、桀、吴回、盖山国、一臂民、三面人、夏后开、三嫔、互人国、炎帝、灵恝。

《大荒北经》从东北方位向西北方位记述有：帝颛顼、九嫔、帝俊、胡不与（烈姓）国、肃慎氏国、大人国、鲧、叔歜国、颛顼王子、北齐（姜姓）国、禹、始州国、毛民（依姓）国、均国、役采、修鞈、绰人、儋耳（任姓）国、禺号、禺彊、神九凤、彊良、夸父、后土、信、应龙、蚩尤、无肠（任姓）国、无继、共工、相繇、群帝、黄帝女魃（天女魃）、风伯、雨师、叔均、深目民（盼姓）国、赤水女子献、犬戎、黄帝、苗龙、融吾、弄明、白犬、一目（威姓）民、少昊、继无（任姓）民、无骨、中𫐐国、赖丘国、苗（釐）民、骥头、牛黎国、神烛九阴（烛龙）。

不难看出，《大荒四经》记述的远方异国要比《海外四经》更加详尽，而且有了姓氏的记录。根据其记述有夏耕（夏代末年人，约公元前1700）、成汤（商代初期人，约公元前1600），以及殷商高祖王亥（约公元前1800）、先祖帝俊（帝舜时代人，约公元前2300）等内容，可知《大荒四经》撰稿于殷商早期。

《海内五经》记述有丰富多彩的远方异国人文资源信息。

《海内南经》自海内东南陬以西记述有：三天子、伯虑国、离耳国、雕题国、北朐国、枭阳国、舜、帝舜、帝丹朱、夏后启、孟涂、窫窳、氐人国、君子国、匈奴国、开题国、列人国。

《海内西经》自海内西南陬以北记述有：贰负、危、窫窳、（黄）帝、后稷、氐国、流黄酆氏国、东胡、夷人、貊国、（黄）帝之下都、百神、仁羿、禹、羽民、巫彭、巫抵、巫阳、巫履、巫凡、巫相、三头人。

《海内北经》自海内西北陬以东记述有：操杯人、西王母、大行伯、犬封国、贰负之尸、大戎国、女子跪进杯食、鬼国、贰负神、穷奇、帝尧、帝喾、帝丹朱、帝舜、蟜、阘非、据比之尸、环狗、袜、戎、林氏国、冰夷、王子夜之尸、舜、登比（北）氏、宵明、烛光、盖国、钜燕、倭、朝鲜、列阳、列姑射、射姑国、明组邑、大人之市。

现存版本的《海内东经》存在着明显的错简，其内容自海内东北陬以南记述有：钜燕、墟端、玺、昆仑墟、大夏、竖沙、居繇、月支之国、西胡、吴、都（郁）州、琅邪、韩鴈（辕厉）、始鸠。

由于现存版本的《海内经》存在着明显的错简，所涉及内容缺少地理方位的连贯性。具体来说，其记述的人文资源有：朝鲜国、天毒国、壑市国、泛叶国、朝云国、司彘国、黄帝、雷祖、昌意、韩流、淖子阿女、帝颛顼、柏高、后稷、禹中国、列襄国、盐长国、乌氏、窫窳、巴国、咸鸟、乘釐、后照、巴人、流黄辛氏、朱卷国、赣巨人、黑人、赢民、苗民、神延维、舜、巧倕、相顾之尸、伯夷父、西岳、先龙、氐羌（乞姓）、玄丘民、大幽国、赤胫民、钉灵国、炎帝、伯陵、吴权、阿女缘妇、鼓、延、殳、骆明、白马、鲧、帝俊、禹号、淫梁、番禺、奚仲、吉光、少暤、般、羿、晏龙、帝俊有子八人、三身、义均、叔均、大比赤阴、禹、赤水之子听訞、炎居、节并、戏器、祝融、共工、术器、后土、噎鸣、（天）帝。

鉴于《海内五经》有朝鲜、倭（今日本）、天毒（今印度）、大夏（今阿富汗北部及其附近地区）等国名、地名，据此其撰稿时间应该在周代、秦代和汉代早期。

## 二、氏族血缘传承路线图

1962年，科学家在印度观察到长尾叶猴群里存在着"杀子"现象，独自生活的雄性个体在抢夺整个猴群的控制权后，为了繁殖自己的后代而杀死正在哺育后代的雌猴的孩子，类似的情况也发生在马、狮子等其他动物里。生物学家理查德·道金斯对此的解释是，这是自私的基因发出"繁殖自己后代"的指令所导致的行为。他认为生物只是受到基因控制的机器人，生物的繁衍和进化都是基因作用的结果，DNA是名副其实的利己主义者。[1]

所谓"利己基因"的说法，实际上等于是在说基因具有生命智力（尽管理查德·道金斯本人出于顾虑而不承认这一点），而这种基因层次的生命智力的主要目标之一乃是"繁殖自己的后代"。根据生命智力学暨智因进化论，生命是一种对间接信息进行操作的智力系统。准确说生命是一种能够使用大量间接信息、实施认知活动、达成某些目的、拥有复杂结构的智力信息操作系统。生命与智力同时起源，生命智力来自生命体自身，生命智力是不断发展的也是有层次的。生命智力形式和结构主要涉及DNA（包括RNA）智力信息系统、细胞膜（包括生物膜）智力信息系统和神经元细胞智力信息系统[2]。

据此可知，仅仅基因具有生命智力是不够的，这种基因生命智力还需要转化成为细胞生命智力和神经元生命智力，才能够去指导动物采取有利于繁殖自己后代的具体行为。也就是说，动物除了细胞内拥有基因形式的生命智力之外，同时还存在着细胞层次和神经元层次的生命智力信息系统。例如，正是雄性长尾叶猴的大脑神经元层次的生命智力信息系统，在接收到基因的指令后，去操纵其躯体实施"杀掉其他雄性基因

---

[1]（英）理查德·道金斯，《自私的基因》，吉林人民出版社，1998年。
[2]《生命智力的起源及其进化法则（智因进化论）》，载《汉声杂志》（澳大利亚墨尔本），2008年12期。

幼子"的行为。

值得注意的是，类似动物"杀婴"的现象，也曾经发生在人类文明初期，其典型行为即抛弃长子（女性婚前性自由时所生之子）。例如，周人的先祖后稷出生后，就曾被抛弃在荒野，因此起名为弃。到了撰写《山海经》的时候，人们已经非常重视氏族血缘传承关系，当然这种认识也是逐步发展形成的。

《五藏山经》有关氏族血缘传承的记述比较少，仅《北山经》北次三经记述有炎帝和炎帝少女女娃、《中山经》中次三经记有禹父、中次七经记有（炎）帝女、中次十二经记有（尧）帝之二女。

《海外四经》虽然没有关于氏族血缘传承的记述，但是却对女子国、丈夫国、无继民等现象予以关注。

《大荒四经》对氏族血缘传承的记述大量增加。例如，《大荒东经》记有：

> 有司幽之国。帝俊生晏龙，晏龙生司幽。司幽生思土，不妻；思女，不夫。

所谓"司幽"即制定婚配规则，"不妻、不夫"即不组成以夫妻关系为基础的家庭。也就是说，在司幽国里，实施的是母系社会的"母子家庭制"，即母亲与子女始终生活在一起，女儿大了不出嫁，儿子大了不娶妻，与此同时他们可以自由地与外族人过性生活。

《大荒东经》还记有：

> 有白民之国。帝俊生帝鸿，帝鸿生白民，白民销姓，黍食，使四鸟：虎、豹、熊、罴。

这表明其时族群已经有了姓氏的观念。

《海内五经》也记述有大量氏族血缘传承的信息。例如，《海内北经》记有：

> 舜妻登比氏生宵明、烛光，处河大泽，二女之灵能照此所方百里。一曰登北氏。

从宵明、烛光的名称可知，当时已经有了人造光源，而且其氏族的名称亦缘自其掌管人造光源的职务。

《海内经》记有：

> 流沙之东，黑水之西，有朝云之国、司彘之国。黄帝妻雷祖，生昌意。昌意降处若水，生韩流。韩流擢首、谨耳、人面、豕喙、麟身、渠股、豚止，取淖子曰阿女，生帝颛顼。

从韩流的形貌可知，该氏族或部落以养猪闻名于世。

## 三、奇异的灾难预警和生存状况预报

生命智力及其行为实际上体现出生命的预期性，而预期功能也正是生命智力的主要功能之一。事实上几乎所有的生物都具有某种程度的预期功能，草木在春天发芽，属于"条件反应关系"的预期功能；动物到预定的地点捕猎，属于"因果关系"的预期功能。人类的预期功能更加复杂，预测的时空范围更长远和广阔，预测的手段更多样化，预测的内容更广泛，当然这里也有着漫长的发展过程。

《五藏山经》所述预测活动均属于单一前兆判断，即通过某一事物的出现，去预见另一事物的发生，显然其水平尚处于初级阶段，与《五藏山经》记述的用单方药物治病属于同一层次和类似性质，而这同样是该书相当古老的标志之一。具体来说，《五藏山经》记述的预测目的主要是灾难预警，以及对未来生存环境和生存条件的预报。其中，具有前兆功能的事物绝大多数均为动物，计有52种；此外还有人神2种、器物1种、自然物1种。预测的内容，劳役1项、土功2项、放士1项、多狡客1项、疾疫4项、火灾2项、恐慌3项、国败1项、战争9项、天下安宁2项、大风2项、大水9项、大旱13项、虫害1项、风雨水为败1项、霜1项、大穰3项。与农业相关的有30项。令人多少有些诧异的是缺少渔猎和畜牧业的内容，或可表明撰写《五藏山经》的作者生活在农业时代。

《南山经》南次二经：

> 东南四百五十里，曰长右之山，无草木，多水。有兽焉，其状如禺而四耳，其名长右，其音如吟，见则郡县大水。

众所周知，"县"这种行政区划，是在春秋战国时期最先由楚国设置的，此后其他各国陆续效仿，秦统一天下后，郡县制推广到全国。不过，此处《山海经》原文的"郡县"等字可能是后世抄写者的笔误，在其他章节更多使用的是"国"、"邑"等表示地域范围的名称。

《南山经》南次三经：

> 又东五百里，曰鸡山，其上多金，其下多丹雘。黑水出焉，而南流注于海。其中有鱄鱼，其状如鲋而彘毛，其音如豚，见则天下大旱。

鱄鱼的样子像鲫鱼却长着猪毛，表明它是一种生活在海洋或江河的水生哺乳动物，类似海狮、海豹、海狗，也可能是江猪、江豚。鱄鱼出现预示天下大旱，属于物候学现象，即某种生物的出现或变化与某种气候的来临或变化，两者存在着某种联系。例如，海洋中有一种厄尔尼诺（圣婴）现象，它能够造成气候异常，如果有某种鱼类对"圣婴"特别敏感而提前迁徙，那么人们就可以根据这种鱼的出现判断未来的天气变化。

《西山经》西次二经：

> 西南三百里，曰女床之山，其阳多赤铜，其阴多石涅，其兽多虎豹、犀兕。有鸟焉，其状如翟而五采文，名曰鸾鸟，见则天下安宁。

鸾鸟与凤凰同类，也是著名的吉祥鸟，它们展开五彩的翅膀、拖着长长的五彩尾羽，美丽异常。郭璞注称："旧说鸾鸟似鸡，瑞鸟也，周成王时西戎献之。"在古人的眼里，美丽的事物同时也就意味着它们是安全的事物，因此鸾鸟和凤凰的出现，也就顺理成章地成为天下安宁的象征。

《西山经》西次二经的鹿台山：

> 有鸟焉，其状如雄鸡而人面，名曰凫徯，其名自叫也，见则有兵。

此处凫徯鸟与中国传统文化的人文初祖伏羲的发音相同，两者可能存在某种关系。不过，更可能的是，这个人面雄鸡实际上是人装扮的，当有敌情出现时，他装扮成凫徯鸟的样子，一边飞跑一边大叫"伏击"。后人用鸡毛信表示军情火急，或即源于此。事实上，在上古时期，当人口急剧增加，或者发生天灾变故，都会导致部落战争；当部落战争演化成世仇之后，小规模的敌对活动可能会更加频繁。在这种情况下，就需要一种战争预警机制，每个部落都要有专人负责侦察敌情、预报敌情；为此，这些敌情预报员装扮成某种常见的动物，亦在情理之中。还有另外一种可能，即凫徯鸟与信鸽类似，可以传递战争信息。

《东山经》东次二经：

> 又南三百里，曰耿山，无草木，多水碧，多大蛇；有兽焉，其状如狐而鱼翼，其名曰朱獳，其鸣自訆，见则其国有恐。

耿山的怪兽朱獳，与形容人的身材特别矮小的侏儒，两词的字形字音几乎完全相同。在古代，畸形人或畸形动物往往被视为怪异，而怪异的事物又往往能够引起人们的恐怖或好奇。在这种心理的控制下，一些正常的人出于某种目的也会把自己装扮得怪异起来，甚至会把原本正常的人"加工"成怪异的人。

《东山经》东次四经：

又东南二百里，曰钦山，多金玉而无石。师水出焉，
而北流注于皋泽；其中多鰞鱼，多文贝。有兽焉，其状
如豚而有牙，其名曰当康，其鸣自叫，见则天下大穰。

钦山只有金玉却没有石头，而钦有恭敬之意，表明这是一座祭台，
或者此山因有祭台而得名，祭祀的主神即当康；当康的样子像小猪，它
的叫声听起来好像是"应当丰穰啊"，而它的出现则意味着农业大丰
收。显然，当康是农作物保护神，它实际上是由巫师装扮成的。所谓
"其状如豚而有牙"，猪本有牙，此处"有牙"二字可能是指有伸出嘴
外的獠牙，例如非洲疣猪就有两个横出的獠牙。

《东山经》东次四经：

又东二百里，曰太山，上多金玉、桢木。有兽焉，其
状如牛而白首，一目而蛇尾，其名曰蜚，行水则竭，行
草则死，见则天下大疫。

据此可知，《五藏山经》时期的人们已经注意到动物能够给人类带
来传染病，类似今日的禽流感、猪流感或鼠疫等。


# 四、卓越的发明与创新


《山海经》对科学发现和发明非常重视，记载有中国先民众多卓越
的发明创新事迹，涉及天文历法、测绘、建筑、水利工程、机械器具、
农业耕作技术、医药、饮料、音乐等。

例如，《海内经》记有许多发明家的事迹：

炎帝之孙伯陵，伯陵同吴权之妻阿女缘妇，缘妇孕
三年，是生鼓、延、殳。始为侯，鼓、延是始为钟，为
乐风。

帝俊生禹号，禹号生淫梁，淫梁生番禺，是始为舟。番禺生奚仲，奚仲生吉光，吉光是始以木为车。

少昊生般，般是始为弓矢。

帝俊生晏龙，晏龙是为琴瑟。

帝俊有子八人，是始为歌舞。

帝俊生三身，三身生义均，义均是始为巧倕，是始作下民百巧。

后稷是播百谷。稷之孙曰叔均，始作牛耕。

有必要特别提到的是，《中山经》中次十一经：

又东南五十里，曰高前之山，其上有水焉，甚寒而清，帝台之浆也，饮之者不心痛；其上有金，其下有赭。

高前山位于今日的大别山。高前山的帝台之浆，这是中国有文字记载的最早的饮料之一，在"帝台觞百神"时所饮用，表明它很可能是一种具有防暑保健功效的人造饮料，或许就是最早的茶水。中次七经、中次十一经多次记述帝台事迹，袁珂先生《山海经校注》一书注谓："则帝台者，盖治理一方之小天帝，犹人间徐偃王之类是也。《晋书·束皙传》云：'《穆天子传》五篇，言周穆王游行四海，见帝台、西王母。'今本《穆传》已无帝台事，盖阙佚也。"不过，如《晋书》将帝台与西王母并列，似乎表明帝台在古代曾经显赫一时。

进一步说，"帝台"只见于《山海经》，而鲜见于其他古籍。从"帝台"活动范围推测，帝台有可能是蚩尤（赤帝）或者共工的后裔。但是，若从时间段来说，帝台更有可能是帝禹在《五藏山经》里的另一种称呼，正如帝舜在《大荒四经》里被称为帝俊一样（这样做或许类似后世的避讳）。进一步说，在古史记载中，也只有在帝禹时代曾经大规模建造众帝之台，因此将其称为帝台乃是名副其实、顺理成章的；而且，《五藏山经·中山经》记述的帝台事迹，诸如帝台觞百神、帝台之石（棋）祷百神、帝台之浆，也符合帝禹的身份。

如其不谬，这也就同时解决了《五藏山经》的一个大谜团：《五藏山经》既然是帝禹时代的国土资源考察报告，那么里面就应该也有帝禹活动的记录，然而字面上却没有；但是，如果帝台实际上就是帝禹的另一种说法，那么这个问题就迎刃而解、不复存在了。

《海外北经》：

> 共工之臣曰相柳氏，九首，以食于九山。相柳之所抵，厥为泽谿。禹杀相柳，其血腥，不可以树五谷种。禹厥之，三仞三沮，乃以为众帝之台。

> 在昆仑之北，柔利之东。相柳者，九首人面，蛇身而青。不敢北射，畏共工之台。台在其东。台四方，隅有一蛇，虎色，首冲南方。

共工是先夏时期的著名部落（本书"部落"一词泛指民族、部族、氏族、方国、地区居民等），由于"共工"连读之音即"鲧"，因此也有学者认为共工即鲧。上述文字记述的是共工部落的主要成员相柳，它是由九个氏族组成的，分别迁徙到九个地方生活；相柳所到的地方，都变成了湿地沼泽。禹消灭相柳，相柳的血（实际指相柳带来的水）污染过的田地，不能够种庄稼。禹多次开挖田地（排除积水）都失败了，不得已在这里建筑了众帝之台，它们位于昆仑之北、柔利之东的地方。其中有一座共工台，形状为四方台，台前面的一角有一座蛇形雕像（即相柳），虎皮色，蛇头威严地向着南方，因此南来的人不敢把箭指向共工台。据此可知，众帝之台与埃及金字塔和美洲金字塔一样，都是人类文明早期的伟大建筑。

进一步说，这个古老的故事记录着许多珍贵的远古信息。众所周知，远古时期地广人稀，各部落的生存空间余地很大；如果发生了长期的激烈的部落冲突，或远距离的部落迁徙，那么通常都是因为自然生态环境发生了重大改变。从这个角度来说，所谓"其血腥，不可以树五谷种"，很可能是指土地严重盐碱化。一般来说，土地盐碱化，一是海水淹没陆地，二是在低洼地的农田里的灌溉水量大而又蒸发量大。若为前者，相柳的故事则与先夏时期的海侵事件有关。若为后者，则表明相柳由于采取筑坝抬升河道水位以灌溉低洼地农田的方法，反而使本部落的农田盐碱化，同时也使上游地区的农田盐碱化，并触发部落战争，从而给本部落招致毁灭性灾难。

《山海经》一书的最后一句话是《海内经》的这段话：

> 洪水滔天。鲧窃帝之息壤以湮洪水，不待帝命。帝令祝融杀鲧于羽郊。鲧复生禹。帝乃命禹卒布土以定九州。（禹鲧是始布土，均定九州。）

世界许多地区都流传着远古大洪水几乎毁灭人类的故事。对比之下，唯独中国的洪水泛滥故事里同时有着详尽的治水内容，而这与中国当时已经掌握先进的测绘技术和水利工程技术有着密不可分的直接关系。《山海经》全书最后一句话落在"禹定九州"上，当寄托着撰写者或编辑者对中华民族统一兴旺的厚望。刘歆《上山海经表》称大禹治服洪水后"禹别九州，任土作贡，而益等类物善恶，著《山海经》"，《海外东经》记有禹命竖亥步量天下；相传同时绘有《山海图》，而这些图又铸在了九鼎之上。正所谓：功成洪水退，帝禹定九州，踏勘海内外，千古一图收。

## 五、从洪荒世界走出来的科技工作者

《山海经》记述了许多巫师的活动，以致有人（例如鲁迅）认为《山海经》是一部"巫书"。其实，《山海经》时代的巫师（包括男巫和女巫）及其巫术活动，与我们今天理解的巫师、巫术有着很大的区别。大体而言，《山海经》里的巫师实际上大多数都是从洪荒世界走出来的科技工作者，他们的巫术活动包含着丰富的科技内容，例如本书前面介绍的羲和、常羲等进行的天文历法巫术活动，以及众多巫师进行的灾难预警活动，等等。

《中山经》：

> 中次六经缟羝山之首，曰平逢之山，南望伊洛，东望谷城之山，无草木，无水，多沙石。有神焉，其状如人而二首，名曰骄虫，是为螫虫，实惟蜂蜜之庐。其祠之：用一雄鸡，禳而勿杀。

伊水出龙门转向东流30余公里在偃师附近与洛水汇流，此间伊水与洛水平行向东流，两者相距不到10公里，所谓"南望伊洛"，其地当在此段伊水洛水的北侧。平逢山东面的谷城山，当指一处古代城池，约在今日洛阳附近。郭璞注谓："在济北谷城县西，黄公石在此山下，张良取以合葬尔。"该地远在山东省东阿县，因此郭说不确。

骄虫之神即戴面具的养蜂人或巫师，也可能是当地养蜂人供奉的行业保护神。所谓"禳而勿杀"，汪绂注谓："禳，祈祷以去灾恶，使勿螫人，其鸡则放而勿杀也。"蜜蜂的驯化需要经历一个相当长的时期，在此期间蜜蜂的毒性可能还很强烈；因此，骄虫之神，一是保护养蜂人不被蜂螫，二是保护蜜蜂不受天敌伤害，三是促使蜜蜂多产蜂蜜。

有趣的是，2011年7月24日中央电视台播出一个介绍哈尼族蜂王车老铺的故事。在西南众多少数民族中，哈尼族拥有一项传自远古的生存技术——把野生蜂窝迁移到村落附近，以便就近获得蜂蜜、蜂蜡、蜂巢，掌握这项既复杂又危险技术的人就被称为蜂王。在深山密林中找到隐蔽的野蜂窝并不是一件容易的事情，但是车老铺有自己巧妙的办法——他会先抓一只蜻蜓当诱饵，同时把一片白色羽毛的一部分搓成细丝并制成精巧的套，然后爬到大胡蜂经常光顾的树上（这种树能够分泌出甜味的汁液），伺机捉到一只大胡蜂（它更爱吃蜻蜓肉），再把捻成的羽毛套系在蜂腰处，放飞带着白色羽毛的大胡蜂，同时派几名助手从不同位置看着它飞到哪里——如果跟踪的目标失去了，就要在原地再捉一只大胡蜂，继续跟踪——这样的过程要反复多次才能够一直跟踪找到大胡蜂的蜂巢。

由于《山海经》的骄虫之神相当于养蜂部落的蜂王，或许这意味着哈尼族原本生活在中原黄河流域的谷水附近，属于仰韶文化的一支，后来才因故（可能与殷商王朝的兴起有关）远离故土迁徙到今日云南境内。对比之下，目前流行的说法是哈尼族早期与彝族、拉祜族等同源于古代的羌人（彝族也有养野生蜂的习俗）。

《大荒西经》：

> 有鱼偏枯，名曰鱼妇，颛顼死即复苏。风道北来，天
> 乃大水泉，蛇乃化为鱼，是为鱼妇。颛顼死即复苏。

郭璞注："言其人能变化也。"其实，此处经文所谓颛顼化作鱼妇"死即复苏"云云，乃远古的沐浴新生巫术活动，亦即《大荒四经》多处记述的"舜之所浴"、"昆吾之师所浴"、"颛顼所浴"等圣人、帝王沐浴故事的具体内容。其仪式大约是由当事人（在这里即颛顼）先装扮成蛇的样子，来到水边，在巫师"风道北来，天乃大水泉，蛇乃化为鱼"的咒语魔力下，先前装扮成蛇的人又改装扮成鱼的样子，并要表演出鱼脱离水的垂死挣扎、奄奄一息状，然后由众巫师将其抛入水中，当他再次从水中走上岸时，已经是一个新生的并且有天命在身的人了。这种沐浴再生仪式，模拟的乃是胎儿从子宫里出生的过程，以及生物从海洋的鱼类向陆地的两栖类、爬行类进化的过程。据此可知，所谓"蛇乃化为鱼"原文应是"鱼乃化为蛇"，而"蛇"则是中国先民主要的图腾动物。或谓鱼妇即蜀先王鱼凫。

对比之下，据说"耶稣"在拉丁文（NXTNC）里是鱼的意思，而基督教的洗礼习俗亦有旧人已去、新人复生之意。在地中海周边古文明（包括两河流域及其出海口波斯湾）的传说里，也说古代曾有一个像鱼一样的神，从波斯湾上岸，与美索不达米亚的原始居民谈话，教他们建

筑城市、种麦子、数学和天文学，并编纂法律条文，被称为奥纳斯。

《大荒西经》：

> 有神十人，名曰女娲之肠，化为神，处栗广之野，横道而处。

在中华民族的古老记忆里，女娲是我们民族的女始祖，也是人类文明的老祖母，相传她化生万物，并用黄土造人；又传洪水灭绝人类后，伏羲、女娲兄妹不得不结婚重新繁衍人类。《说文》十二云："女娲，古之神圣女，化万物者也。"《楚辞·天问》："女娲有体，孰制匠之？"意思是如果女娲能够创造人类，那么女娲的身体又是谁创造的呢？应当说，屈原提出的问题非常深刻，是对宇宙生命起源的深层次思考。

所谓女娲造人，实际上是说女娲发现了人类生殖繁衍的秘密，并制定了婚姻法则（伏羲、女娲兄妹婚的传说，其目的正是禁止兄妹近亲婚配）。《路史·后纪二》云："以其（女娲）载媒，是以后世有国，是祀为皋（高）谋之神。"并注引《风俗通》："女娲祷祠神，祈而为女媒，因置昏姻。"谋，古人求子所祭之神。

郭璞注："女娲，古神女而帝者，人面蛇身，一日中七十化，其腹化为此神。"其实，"有神十人"云云，当系古代求子巫术仪式，大约是在一条通往求子圣地（被称为栗广之野）的大道路口上，有一种被称为"女娲之肠"的神秘装置（包括由女巫装扮成的女娲娘娘，以及人为制造的"肠形"结构物），适龄妇女穿过这里，就能够怀孕生子。也就是说，女娲之肠（或作女娲之腹）实际上象征的是生育之神的子宫，表明当时的巫师已经对人的生殖系统结构有着准确的认识，而这种知识的获得有可能来自经历过的多次人体解剖实践活动。

前面各章对《山海经》记述的先秦中国人生存资源进行了解读。与此同时，《山海经》里还有许多未解之谜，本章对若干《山海经》密码作一些介绍和分析。

## 一、今天还能找到原版《山海经》吗

我们今天看到的《山海经》，是经汉代学者刘歆校定、晋代学者郭璞注释的《山海经》，经过一两千年的流传，出现了许多文字的错讹。那么，我们今天还能够找到原版的《山海经》吗？种种迹象表明，这个希望是存在的。

本书第一章指出，在王子朝携带的周室典籍里应该就有《山海经》，其正本和其他重要典籍原版可能都被王子朝秘密埋藏于山中或地下（或许有朝一日它们能够重见天日），当时任职周王室图书馆馆长的老聃在参与此事后辞周退隐。目前已在河南省某地发现可能是王子朝后裔族群聚居地的村庄。如果寻找王子朝密藏的周室典籍，能够列入国家考古工作的重点课题，一旦包括《山海经》在内的众多先秦典籍被发掘出来，一定会成为人类文明史的重大事件。中国历史的"夏商周"断代问题、先夏时期的神话传说回归历史的问题，以及人类文化交流史等一系列重大问题，都有望获得新的突破。

## 二、原版中次一经在哪里

现存版本《山海经·五藏山经·中山经》中的中次一经第一座山记有：

中山经薄山之首，曰甘枣之山，共水出焉，而西流注于河。其上多枢木。其下有草焉，葵本而杏叶，黄华而荚实，名曰箨，可以已瞢。有兽焉，其状如猷鼠而文题，其名曰难，食之已瘿。

甘枣山的共水向西流入黄河，这种情况只能出现在《北山经》里。根据《五藏山经》26条山脉的分布规律，《北山经》与《西山经》的分界线是黄河前套至潼关的黄河，《北山经》与《中山经》的分界线是潼关以下的黄河。据此可知，现存版本的中次一经实际上是原来的北次二经的前半段，其方位大体在今日汾水中下游一带，其主要山脉即夹在吕梁山与太行山之间的太岳山。

现存版本中次一经最后一座山记有：

凡薄山之首，自甘枣之山至于鼓镫之山，凡十五山，六千六百七十里。历儿，冢也，其祠礼：毛，太牢之具；县以吉玉。其余十三山者，毛用一羊，县婴用桑封，瘗而不糈。（桑封者，桑主也，方其下而锐其上，而中穿之加金）。

现存版本中次一经15座山的距离之和为937里，与此处所言"六千六百七十里"相差甚多。但是，如果将此处937里与北次二经诸山距离之和的5690里相加，和数为6627里，与"六千六百七十里"的数字则基本一致，这也是现存版本中次一经原本属于北次二经的证据之一。

如果现存版本的中次一经原本属于北次二经，那么原版的中次一经所记述的山脉又该是哪里呢？一种可能是在秦岭南麓及其汉水上游一带，因为汉水是一条非常重要的水系，而现存《山海经·五藏山经》里却没有对它的任何记述，显然这是不太合乎情理的。

## 三、泑泽是罗布泊吗

《山海经·北山经》北次一经多处记述泑泽，并明确指出泑泽就是黄河的发源地：

> 又北百一十里，曰边春之山，多葱、葵、韭、桃、李。杠水出焉，而西流注于泑泽。有兽焉，其状如禺而文身，善笑，见人则卧，名曰幽鴳，其鸣自呼。
>
> 又北三百二十里，曰灌题之山，其上多樗柘，其下多流沙，多砥。有兽焉，其状如牛而白尾，其音如訆，名曰那父。有鸟焉，其状如雌雉而人面，见人则跃，名曰竦斯，其鸣自呼也。匠韩之水出焉，而西流注于泑泽，其中多磁石。
>
> 又北三百二十里，曰敦薨之山，其上多棕楠，其下多茈草。敦薨之水出焉，而西流注于泑泽，出于昆仑之东北隅，实惟河原。其中多赤鲑，其兽多兕、旄牛，其鸟多鸤鸠。

《山海经·西山经》西次三经也记述有泑泽，亦称这里是黄河发源地：

> 又西北三百七十里，曰不周之山。北望诸毗之山，临彼岳崇之山，东望泑泽，河水所潜也，其原浑浑泡泡。

爰有嘉果，其实如桃，其叶如枣，黄华而赤柎，食之不
劳。

关于泑泽的地理方位，自《山海经》公开面世以来，历代学者均认
为即蒲昌海，并相信黄河在此处"潜行地下"数千里后重新冒出地面。
晋代学者郭璞注谓："河南出昆仑，潜行地下，至葱岭，出于阗国，复
分流歧出，合而东流注泑泽，已复潜行，南出于积石山，而为中国河
也。泑泽，即蒲泽，一名蒲昌海，广三四百里，其水停居，冬夏不增
减，去玉门关三百余里，即河之重源，所谓潜行也。"

北魏地理学家郦道元（约472－528）对《水经》"河水又东注于泑
泽"的注释为："即所谓蒲昌海也。水积鄯善之东北，龙城之西南……
地广千里，皆为盐而刚坚也亦有盐泽之称。行人所迳，畜产皆步骣卧
之，掘发其下，有大盐方如巨桃（枕），以次相累，类雾气云浮，寡见
星日，少禽多鬼怪。西接鄯善，东连三沙，为海之北隘矣，故蒲昌亦有
盐泽之称也。"

郦道元在《水经注·河水》中还指出："余考群书，咸言河出昆
仑，重源潜发，沦于蒲昌，出于海水。"他相信蒲昌即《山海经》不周
山的"东望泑泽"。

关于蒲昌海的地理方位，绝大多数学者都认为即今日的罗布泊（20
世纪后期已干涸），也有人认为是柴达木盆地的盐泽。在柴达木盆地
里，有一处独特的地质景观"贝壳梁"，长约2千米，宽约70米，厚达
20余米，由形状各异的贝壳与盐碱泥沙板结成块层叠堆积而成，形成于
约15万年前。

问题是，我们今天早已知道，黄河发源于青藏高原的巴颜喀拉山脉
北麓，一路奔腾入海，既不曾流经柴达木盆地，也不曾流经罗布泊，更没
有潜行地下数千里，那么古代学者为什么会误认为《山海经·五藏山经》
记载的黄河发源地"泑泽"是八竿子打不着的位于阿尔金山脉北麓的罗布
泊呢？而且，今天仍然有许多学者继续相信"泑泽"就是罗布泊呢？

其实，既然《北山经》和《西山经》同时都记有泑泽，并且都说这里是黄河发源地，那么据此可知：第一，泑泽应该位于《北山经》记述的区域与《西山经》记述的区域两者的交界处，即今日黄河河套的前套地区，亦即内蒙古自治区土默特旗至托克托县一带。第二，《五藏山经》记载的黄河发源地，乃是当时人所认识的黄河源头，不等于后世人所知道的黄河源头。第三，《五藏山经》描述的当时认为的黄河发源地泑泽的景观，日后发生了巨大变化，即泑泽早已干涸而不复存在，从而造成后世学者一头雾水，以致要用远在数千里之外的罗布泊来对应泑泽的地理方位，并不得不编出"黄河潜行"的说辞来自圆其说，结果是把黄河发源地的地理方位搞得一塌糊涂，并连带把《五藏山经》记述的黄帝下都昆仑的地理方位搞得也是云山雾罩、莫衷一是。第四，如果泑泽位于今日黄河前套，那么黄帝都城昆仑丘就可以确指在黄河河套以南的鄂尔多斯高原之上。

# 四、不周山是陨石坑吗

《西山经》西次三经：

> 又西北三百七十里，曰不周之山。北望诸毗之山，临彼岳崇之山，东望泑泽，河水所潜也，其原浑浑泡泡。爰有嘉果，其实如桃，其叶如枣，黄华而赤柎，食之不劳。

《大荒西经》：

> 西北海之外，大荒之隅，有山而不合，名曰不周负子，有两黄兽守之。有水曰寒暑之水。水西有湿山，水东有幕山。有禹攻共工国山。

《大荒西经》的不周负子山即《五藏山经》西次三经记述的不周山，所谓寒暑水的东西有"湿山"、"幕山"，其中一山当为热山或发源有温泉，另一山则为寒山或有积雪融水。《三余帖》（见百二十卷本《说郛》）云："半阳泉。世传织女送董子（董永）经此，董子思饮，扬北水与之。曰：'寒。'织女因祝水令暖。又曰：'热。'乃拨六英宝钗，祝而画之，于是半寒半热，相和与饮。"这个故事发生地应该就是河套地区，当时这里是黄帝族与炎帝族的分界线，织女属于黄帝族，董子实际上即牛郎属于炎帝族，当时两族青年男女通婚曾受到限制。所谓禹攻共工国山，郭璞认为即《海外北经》所记禹杀共工臣相柳之事。所谓"不周负子，有两黄兽守之"，乃守护共工族圣山之巫术宗教活动。

值得注意的是"有山而不合"的文字表述，因为这是对有缺口环形山这种特殊地形地貌的具有专业术语性质的准确观察和描述。一般来说，形成环形山地貌的原因主要有三种，其一是由地质构造运动而偶然出现环状地貌，其二是火山口（通常直径比较小），其三是大型或巨型陨石坑（通常直径在数百米到数百公里之间）。

《淮南子·天文训》记有："昔者共工与颛顼争为帝，怒而触不周之山，天柱折，地维绝。天倾西北，故日月星辰移焉；地不满东南，故水潦尘埃归焉。"

对上述事变的解释很多，其中一种解释认为是远古发生的一次相当规模天外星体撞击地球事件，不周山即这次撞击留下的陨石坑，"日月星辰移焉"表明当时发生了地球自转轴指向的移位，而女娲补天、夸父逐日、后羿射日以及民间流传的众多射日射月故事，均与此事件有关。

不周山是中国古史传说时代名山之一，但是其确切位置无人知晓。从其名称可知，它是一个有缺口的环形山，或为火山口，或为陨石坑。如果共工撞倒不周山引起天塌地陷的传说有着事实背景，那么不周山有可能是天外星体撞击而形成的大型陨石坑。根据《西山经》和《北山经》的记述，渤泽是当时人们认定的黄河发源地，其地理位置在今日的黄河前套地区，古代曾为湖泊。也就是说，不周山应当在今日内蒙古托克托县的土默川平原以西以北的某地，它北面的"诸毗之山"当即指阴山山脉。由于其地形地貌和地质构造特殊，我们今天有希望借助科学手段找到它；如果能够找到不周山，就能够进一步找到在它附近的黄帝族大本营昆仑丘。此外，民间相传山西省长子县西山即不周山，精卫填海的故事也发生在这里。或谓不周山即昆仑山、祁连山、六盘山，甚至远在非洲东部的大裂谷。

## 五、黄帝"都城"昆仑何处寻

黄帝都城昆仑是中国文化的千古之谜，其地理方位至今众说纷纭。众所周知，黄帝是先夏时期中华民族文明发展史的关键人物（或族群），《山海经》对黄帝的活动事迹有着相当丰富的记述，特别是详尽描述的黄帝都城昆仑的景观。如果我们能够据此考证出黄帝都城昆仑在今天的地理方位，就有可能进一步考古发掘出黄帝都城昆仑的遗址，无疑这将是中国乃至世界考古事业上最重要的发现，对于重现人类文明史具有划时代的意义。

《西山经》西次三经：

又西三百二十里，曰槐江之山。丘时之水出焉，而北流注于渤水，其中多嬴母。其上多青雄黄，多藏琅玕、黄金、玉；其阳多丹粟，其阴多采黄金、银。实惟帝之平圃，神英招司之；其状马身而人面，虎文而鸟翼，徇于四海，其音如榴。南望昆仑，其光熊熊，其气魂魂。西望大泽，后稷所潜也；其中多玉，其阴多榣木之有若。北望诸毗，槐鬼离仑居之，鹰鹯之所宅也。东望恒山四成，有穷鬼居之，各在一搏。爰有淫水，其清洛洛。有天神焉，其状如牛，而八足二首马尾，其音如勃皇，见则其邑有兵。

从上述记载可知，《五藏山经》的考察者实地目睹了黄帝族的活动，表明黄帝族在帝禹时代仍然活跃着；其地理方位在今日黄河河套以南的鄂尔多斯高原上，位于陕西省黄帝陵的北面。平圃又称玄圃，是黄帝的皇家园林兼军事要塞。管理和守卫平圃的长官名叫英招，他身穿虎皮衣，插着绚丽的羽毛，骑着马巡查四方。从这里向南望去，可以见到一处人烟繁华之都，那就是昆仑，白日炊烟缭绕，夜间灯火通明。向西望去是一处名叫稷泽的大湖泊（位于今日黄河后套），后稷在那里举办过隆重的巫术活动（成年仪式或安葬仪式）。向北望去是连绵的群山（阴山山脉，上有大量远古岩画），那里是槐鬼离仑部落的领地，也是雄鹰和鹯（zhān，俗称"晨风"鸟）出没的地方。向东望去是四重高远的恒山（山西境内），那里是有穷鬼的领地，他们总是在相互争斗。

《西山经》西次三经：

西南四百里，曰昆仑之丘，是实惟帝之下都，神陆吾司之；其神状虎身而九尾，人面而虎爪；是神也，司天之九部及帝之囿时。有兽焉，其状如羊而四角，名曰土蝼，是食人。有鸟焉，其状如蜂，大如鸳鸯，名曰钦原，蠚鸟兽则死，蠚木则枯。有鸟焉，其名曰鹑鸟，是司帝之百服。有木焉，其状如棠，黄华赤实，其味如李而无核，名曰沙棠，可以御水，食之使人不溺。有草焉，名曰萆草，其状如葵，其味如葱，食之已劳。河水出焉，而南流东注于无达。赤水出焉，而东南流注于汜天之水。洋水出焉，而西南流注于丑涂之水。黑水出焉，而西流于大杅。是多怪鸟兽。

　　黄帝的都城建立在昆仑丘上，管理和守卫帝都的长官名叫陆吾，他身穿虎皮衣，还装饰着九条虎尾，同时兼管天文星象观测和颁布历法、预告季节时令。食人的土蝼，实际上是司法官，其装束可能源于神羊断案的习俗。司帝之百服的鹑鸟，实际上是帝都的后勤官，我国古代有以鸟名来命名官职的习俗。所谓吃了沙棠果就不会溺水的说法，表明当时这里水系发达，人们经常要涉水往来。

　　从昆仑丘发源有四条河流，其中最著名的就是黄河，它发源于昆仑的东北，向南一泻千里，然后东折流入大海（无达）。由于自然环境的变迁，降雨量逐渐减少，当年从昆仑丘发源的其他几条河流，今天已经难以确指了。或许，赤水即今日的窟野河，洋水即今日的无定河，黑水即今日的都思兔河，而大杅即今日的银川盆地，古为湖沼。

　　昆仑丘是黄帝族的政治文化中心和文明发祥地，其地理方位在后世长期争论不休。根据《五藏山经》记载，昆仑丘位于今日黄河河套南部、陕西省北部的鄂尔多斯高原，古代这里水草丰茂，四周有天然屏障，曾孕育出著名的细石器文化。事实上一个伟大民族的兴起及其灿烂文明的产生，不可能发生在生存环境严酷的土地上。

　　《海内西经》：

　　　　海内昆仑之墟，在西北，帝之下都。昆仑之墟，方八百里，高万仞。上有木禾，长五寻，大五围。面有九井，以玉为槛。面有九门，门有开明兽守之。百神之所在，在八隅之岩，赤水之际，非仁羿莫能上冈之岩。

　　所谓昆仑墟"方八百里"指的是鄂尔多斯高原，"高万仞"指的是桌子山。鄂尔多斯高原面积辽阔，这里古代曾经是水草丰茂的富饶之地，东西与南北各有360千米，与古人所说的昆仑墟"方八百里"基本相符。在鄂尔多斯高原西部有一座突兀挺拔的高山，它就是桌子山，海拔2149米，顶部平坦如桌面。如果说，鄂尔多斯高原是黄帝族的发祥地，那么桌子山就是黄帝族的圣山。值得注意的是，桌子山上有着丰富的古代岩画，其中不乏先夏时期的岩画，它们应该就是黄帝族留下来的。

《穆天子传》卷二记有：

> 吉日辛酉，天子升于昆仑之丘，以观黄帝之宫，而丰口隆之葬，以昭后世。

周穆王在河宗氏（辖地位于黄河河套及其以上黄河河段）的陪同下祭祀昆仑丘后，又派人守护黄帝之宫，登春（春）山并"铭迹于悬圃之上"，据此可知当时尚有黄帝都城遗址。或许，2011—2012年考古发现的神木石峁先夏时期古城遗址，有可能就是黄帝都城昆仑。

## 六、"三桑无枝"是什么意思

《山海经·五藏山经》北次二经记有：

> 又北水行五百里，流沙三百里，至于洹山，其上多金玉。三桑生之，其树皆无枝，其高百仞，百果树生之，其下多怪蛇。

《海外北经》记有：

> 三桑无枝，在欧丝东，其木长百仞，无枝。

《大荒北经》记有：

> 东北海之外，大荒之中，河水之间，附禺之山，帝颛顼与九嫔葬焉。爰有鸱久、文贝、离俞、鸾鸟、皇鸟、大物、小物。有青鸟、琅鸟、玄鸟、黄鸟、虎、豹、熊、罴、黄蛇、视肉、璇瑰、瑶碧，皆出卫于山。丘方圆三百里，丘南帝俊竹林在焉，大可为舟。竹南有赤泽水，名曰封渊。有三桑无枝。丘西有沈渊，颛顼所浴。

　　《山海经》多处记有"三桑无枝"景观，其地理方位均在中国北方（准确说是在今日山西省境内）。关于"三桑无枝"的文化内涵，可能是养蚕者供奉的举行巫术活动的标志物，或者是生殖崇拜巫术的标志物，还可能是观测月亮、祭祀月亮（与生育有关）的标志物。此外，非洲沙漠地区有一种类似三桑无枝的"光棍树"，为了减少蒸发、节省用水，它一年四季都是光秃秃的不长树叶，完全靠绿色的茎干进行光合作用。

　　特别值得注意的是，生活在中国云南地区的纳西族有一种古俗，亲人去世后的三年里，每年都要在屋旁栽一棵七八米高的把枝杈全砍去、只在端部留少许枝叶的小松树（寓意指引逝者灵魂回归故乡），到第三年时看上去正是"三桑（丧）无枝"的景观。如果纳西族的这种古俗确实来源于《山海经》记载的"三桑无枝"，那么就表明纳西族的先人原本居住在中国北方，大约在商代之后才离开故土向南迁徙，并最后定居在今日中国云贵高原一带。


# 七、猩猩知人名与野人之谜


　　一个时期以来，关于中国湖北省神农架野人的消息扑朔迷离，世界其他地方也盛传大脚怪、雪人等野人出没的故事。为了揭开野人之谜，有必要讨论《山海经》记录的野人内容。

　　《中山经》中次七经：

　　　　又东二十里，曰苦山。有兽焉，名曰山膏，其状如逐，赤若丹火，善詈。其上有木焉，名曰黄棘，黄华而员叶，其实如兰，服之不字。有草焉，员叶而无茎，赤华而不实，名曰无条，服之不瘿。

　　所谓"其状如逐"的含意不详，郭璞注谓"逐"即"豚"，仅可视为参考。毕沅、袁珂认为山膏即山都、山臊、枭阳之类，据此山膏应该是红毛猿类；从其"善詈"来看，似乎属于比猿类具有更高生命智力层次的直立猿或"野人"。

《海内南经》：

> 枭阳国在北朐之西，其为人人面长唇，黑身有毛，反
> 踵，见人笑亦笑；左手操管。

枭阳或作枭羊，郭璞认为其即狒狒，亦即《海内经》的赣巨人，并注谓："今交州南康郡深山中皆有此物也。长丈许，脚跟反向，健走，被发，好笑；雌者能作汁，洒中人即病；土俗呼为山都。南康今有赣水，以有此人，因以名水。"或谓枭阳即一足夔，后世又传为山精、山魅等。《神异经·西荒经》云："西方深山中有人焉，身长尺余，袒身捕虾蟹，性不畏人。见人止宿，暮依其火以炙虾蟹。伺人不在而盗人盐，以食虾蟹，名曰山臊，其音自叫。"值得注意的是，经文"左手操管"乃人类行为，而称枭阳为国者，或可表明其尚处于半开化阶段，有点类似我们今天所说的野人或仍然处在原始社会阶段的民族。但是，近年科学家观察到黑猩猩、倭黑猩猩，甚至猴类，都会使用简单工具，有的黑猩猩还会对树枝进行加工，因此是否使用工具已经不能成为判断人与猿的绝对分水岭。

《海内经》：

> 南方有赣巨人，人面长臂，黑身有毛，反踵，见人笑
> 亦笑，唇蔽其面，因即逃也。

郭璞认为赣巨人即枭阳。袁珂指出长臂当作长唇，见人笑亦笑当作见人则笑，因即逃也当作因可逃也。这里所谓赣巨人"见人笑亦笑"，与《北山经》山狌"见人则笑"属于相同情节，系一种憨厚、友善的表情。赣为地名，沿用至今，赣水发源于武夷山和南岭交会处，向北流入鄱阳湖。《海内南经》称"枭阳国在北朐之西"，未使用赣这个地名。郭璞认为是先有赣巨人之名，后有赣水之名。

《海内南经》：

> 泛林方三百里，在狌狌东。狌狌知人名，其为兽如豕
> 而人面，在舜葬西。狌狌西北有犀牛，其状如牛而黑。

狌狌即猩猩。所谓泛林在猩猩东，而猩猩又在舜葬西，亦即今日九嶷山的西面，可知泛林位于舜葬附近，属于墓葬林地。《南山经》招摇山有猩猩"其状如禺而白耳，伏行人走"，未言其"知人名"。《水经注校·叶榆水》云："（封溪）县有猩猩兽，形若黄狗，又状貆独。人面，头颜端正，善与人言，音声丽妙，如妇人好女。对语交言，闻之无不酸楚。其肉甘美，可以断谷，穷年不厌。"[①]

《后汉书·西南夷传》亦云："哀牢出猩猩。"李贤注引《南中志》称，山中猩猩百数为群，喜食酒、穿草鞋，当地人以此为饵，诱捕猩猩；猩猩见到后，便知设饵者姓名，但耐不住诱惑终被人捕。根据"猩猩知人名"的描述，表明这不是普通的猩猩，而类似野人。

越来越多的事实表明，用"直立行走"、"使用工具"、"使用语音符号"的传统标准已经不能准确地区分猿类与人类。在这种情况下，有必要使用一种更具操作性的评判标准作为人与猿的分水岭，这个标准就是能否使用火。事实上，根据生命智力学和智因进化论，"使用火"的行为标志着生命智力的一次巨大的具有里程碑性质的飞跃，也是大脑思维智力信息系统对基因层次生命智力信息系统的首次具有突破性意义的超越。

有鉴于此，仅仅能够"直立行走"、"使用工具"、"使用语音符号"的猿类，应该称之为直立猿；当有一部分直立猿勇敢地举起火把的时候，这些直立猿就进化成为直立人；而那些没有能够使用火的直立猿，曾经长期与直立人并存于世，并且被人类称为"野人"，亦即《山海经》记述的"山膏善詈"、"枭阳国"、"赣巨人"、"猩猩知人名"。

---

[①]王国维校，《水经注校·叶榆水》卷三十七，上海人民出版社，1984年。

## 八、《东山经》描述的是北美洲山脉吗

美国学者亨莉埃特·默茨女士在其专著《几近褪色的记录——关于中国人到美洲探险的两份古代文献》中指出，《山海经》（准确说应该是《五藏山经》）是帝禹时期的考察报告，历史非常古老，理由之一是《孔子家语》记载，孔门弟子子夏曰："商（公元前1600－前1046）闻《山》书。"她根据《东山经》记述的4条山脉的距离里数（3里折合1英里），以及相关物产，严格与北美洲地图的诸山峰——对照，发现两者有着非常准确的对应关系。也就是说，《山海经·东山经》记述的是北美洲大陆的地形地貌。①

由于美洲原住民与中国先民或亚洲东部先民有着许多共同或类似之处，表明美洲原住民来自中国或亚洲东部。这种跨大陆的移民迁徙过程，大约发生在数万年前至数千年前，而且进行过多次；迁徙的路线包括曾经是陆路的白令海峡，以及航行在太平洋上的海路。问题是，如果《东山经》记述的是北美洲大陆的地形地貌，这就意味着当年来自中国的考察者曾经抵达北美洲进行过实地考察，而且还顺利地返回中国。

《大荒东经》：

> 东海中有流波山，入海七千里。其上有兽，状如牛，苍身而无角，一足，出入水则必风雨，其光如日月，其声如雷，其名曰夔。黄帝得之，以其皮为鼓，橛以雷兽之骨，声闻五百里，以威天下。

流波山之名很像是海上大冰山，古代北冰洋的冰山有可能解体并穿过白令海峡，漂移至我国东海或太平洋西部，并成为中国先民的狩猎

①（美）亨莉埃特·默茨，《几近褪色的记录——关于中国人到美洲探险的两份古代文献》，海洋出版社，1993年。

场地。据此，黄帝族人既然能够登上"入海七千里"的流动大冰山，这里既有淡水，又有食物，在洋流和海风的作用下就有可能漂移到美洲大陆，或者其他太平洋海岛，从而形成远距离移民的事实，《列子·汤问》五仙山的传说或亦与此现象有关。所谓苍身无角一足之夔牛，有可能是指海狮海牛之类生活在冰山上的动物，这些动物四足退化而尾部发达，远看即"一足"。至于夔牛"出入水则必风雨，其光如日月"者，则可能与模拟捕捉夔牛的巫术仪式有关，或者与当时的气候变化有关。

## 九、《山海经》记录了世界地理吗

宫玉海先生等人在他们的著作和论文里主张《山海经》是世界地图，其主要理由是人类文明早期曾经流行一种通用的语言，对许多地名和事物使用着相同发音的词汇，他们在《山海经》的人名、地名中找出许多与世界各国的人名、地名相同发音或相近发音的现象。例如轩辕国在今日匈牙利，互人即腓尼基人，弇兹是英吉利人，并据此认为《山海经》记录的是世界地理信息。[1]

上述观点需要回答的问题是，如果《山海经》记述的是全球的地形地貌，这就意味着当年的考察者曾经抵达世界各地进行实地考察，而且还都顺利地返回中国。或者《山海经》记载的若干族群后来迁徙到美洲，并把自己的文化带到了美洲。有趣的是，《山海经》记载的若干内容，确实能够在美洲找到相同的或相近的文化现象。

例一，《山海经》记载的众帝之台与美洲金字塔相似。

例二，《海外西经》"穷山在其北，不敢西射，畏轩辕之丘。在轩辕国北。其丘方，四蛇相绕。"轩辕丘这个四方台型金字塔四周有蛇形雕塑，颇似美洲四方台型金字塔上的羽毛蛇造型。在玛雅文化里，武士

---

①宫玉海，《〈山海经〉与世界文化之谜》，吉林大学出版社，1995年。

在腰后经常挂着一种四蛇纹镶嵌圆盘，表明"四蛇相绕"具有某种震慑敌人的魔力[1]。

例三，《山海经》记述的鸣蛇、化蛇都是长着鸟翼、能够主宰降水量的神蛇，它们与美洲古代文明崇拜的主神羽毛蛇神非常相似。

例四，《海外北经》"钟山之神，名曰烛阴。视为昼，瞑为夜；吹为冬，呼为夏。不饮，不食，不息，息为风，身长千里。在无綮之东。其为物，人面，蛇身，赤色，居钟山下。"1982年发现于辽宁省阜新蒙古族自治县色拉乡查海村西的查海遗址是兴隆洼文化类型的重要聚落遗址，距今8000余年，其居民应该就是红山文化的先人。该遗址中部的石脉上，有一条西南至东北走向的龙形堆石，由石脉质料相同、大小均匀的红褐色花岗岩块摆塑而成，龙体昂首张口、弯身弓背、尾部若隐若现，长约20米。龙头朝西南处有十余座墓坑，龙尾朝东北处有一建筑物遗址，龙头、龙身处石块厚密，尾部石块较松散。或许，查海遗址考古报告所说的摆塑龙，实际上是当地居民供奉的图腾长蛇，非常类似《海外北经》《大荒北经》记述的烛龙原型。可以对比的是，美国俄亥俄州亚当斯县布洛斯河岸上一个狭长的地峡上，雕塑着一条长达440米的巨蟒状土丘，是用黄土和石头堆砌而成的，巨蟒的嘴里含着一个象征着宇宙创生的蛋，尾巴卷曲盘绕，它是由阿德纳人或霍普韦尔人在大约2000年前制作的[2]。

例五，《海内经》"洪水滔天。鲧窃帝之息壤以堙洪水，不待帝命。帝令祝融杀鲧于羽郊。鲧复生禹。帝乃命禹卒布土以定九州。（禹鲧是始布土，均定九州。）"《美洲神话》第20页记有，居住在美国东南的切罗基人的创世神话亦称，当初没有大陆，人们居住在位于天空的石头上，下面都是水，越来越拥挤，经过多番讨论，一个名叫海狸孙子的水甲虫终于同意潜到水里，从水里带回的泥浆自动膨胀变成了大陆。类似的美洲神话还有许多大同小异的版本。

---

① 《神秘的玛雅》，北京出版社，2001年，第250页。
② （英）D.M.琼斯、B.L.莫里努，《美洲神话》，希望出版社，2007年。

例六，《山海经》记载的钟山之神，在《古小说钩沉》辑《玄中记》里又云："北方有钟山焉，山上有石首如人首，左目为日，右目为月……"此石首钟山之神与美洲巨石头像崇拜颇有几分相似。中国渭水流域的武功县流行祭祀农神后稷的习俗，在庙里塑造一尊四五尺高的人头像，无身躯，俗称"后稷头"、"大头爷"，亦属于巨石头像崇拜。《美洲神话》第137页称，美洲奥尔梅克文明兴盛期大约在公元前1450—前50年，他们修建了大型祭坛土墩和祭祀仪式广场（围场），在这些遗址还保留有17尊巨大的石头头像，石料多数从远方运来，每个头像都有着独特的表情和头饰，学者认为它们是奥尔梅克统治者的头像。

例七，古代中国人对玉石有着持久的浓厚的兴趣和喜爱，《山海经》记载着数量众多的玉石矿产地，以及各种各样材质的玉石品种和多种多样用途的玉石器。值得注意的是，在世界范围里与中国人对玉石有着同样兴趣的是美洲原住民。《美洲神话》第136页的插图称："奥尔梅克是中美洲第一个把绿松石和玉石看作宝石的民族。为了获取这些宝石，他们建立了远途贸易通道。"

例八，《海内经》"有九丘，以水络之，名曰：陶唐之丘、有叔得之丘、孟盈之丘、昆吾之丘、黑白之丘、赤望之丘、参卫之丘、武夫之丘、神民之丘。有木，青叶紫茎，玄华黄实，名曰建木，百仞无枝，有九欘，下有九枸，其实如麻，其叶如芒，大皞爰过，黄帝所为。"《山海经》记述的"百仞无枝"建木，乃是一棵通天神树，位于九丘中央，大皞（伏羲）、黄帝都曾在这里举行与天沟通的仪式。美洲文明也有类似的通天神树（又称世界树），《美洲神话》第126页称："玛雅的中心是一棵木棉树，名字叫亚克切（或卡波克），它的根穿透地狱，枝叶蔓延至天堂。"第162页称："在中美洲各地，世界树被看作中心或第五个方位，与东、南、西、北一样具有同等重要的位置，甚至更重要。"

例九，《大荒四经》记有四方风神（同时也是四季神），他们是从《海外四经》所记四方神传承下来的，对农业生产有着重要的作用。无独有偶，美洲文化也有东、南、西、北四个方位的风神（通常又兼任雨神等）。《美洲神话》第156页"粮食山"一节称：老巫师请来代表四个方向的风神和雨神，在闪电神的帮助下劈开粮食山，黑色、蓝色、红色、白色（或黄色）的风把粮食山里的谷物和种子吹向大地，从此人类很快就知道利用这些可再生的食物资源。

例十，《山海经》记述了许多左右两边有首的怪兽，通常都解释为雌雄动物交尾。但是动物交尾乃是常见场景，似乎不值得特意记述，对此疑惑，我们可以从美洲文明现象得到启发：《美洲神话》第79页称，北美洲特林基特人有一种典型的萨满工具，为了把病人的灵魂招回来，他们把磨光的骨头刻成双头动物，中间雕刻第三个脸。萨满把病人的灵魂抓住并放进这个工具里，然后把它吹回病人的身体。

例十一，《海外东经》"虹虹在其北，各有两首。一曰在君子国北。"《山海经》仅记有虹虹"各有两首"，其文化内涵则未明言。对比之下，美洲文化也有双头"彩虹蛇"，《美洲神话》第189页记述南美洲"奇穆王国"称：奇穆王国的首都昌昌约建于公元1000年，在其东北部的一处墓地城堡"龙瓦卡"上面反复出现有魔杖神和双头"彩虹蛇"（可能代表月亮女神）。

例十二，《大荒南经》"有人方齿虎尾，名曰祖状之尸。"《山海经》描述的"方齿"，应是一种修饰牙齿的习俗。有趣的是，"方齿"习俗的实物证据居然出现在遥远的美洲玛雅文化的一尊"13蛇神"塑像上，他的牙齿被特意锉磨成方形，在方齿上还切割出沟槽，见《神秘的玛雅》第176—177页。

例十三，《海内南经》"枭阳国在北朐之西，其为人人面长唇，黑身有毛，反踵，见人笑亦笑，左手操管。"《海内经》"南方有赣巨人，人面长臂，黑身有毛，反踵，见人笑亦笑，唇蔽其面，因即逃也。"跂踵国又作反踵国，王元长《曲水诗序》注引高诱注文则作"反踵，国名，其人南行，迹北向也。"枭阳国和赣巨人的特征亦为"反踵"。有趣的是，据笔者的海外友人介绍，远在南美洲巴西的原住民也流传着反踵的故事，大意是有人故意反穿鞋子，逃避猎人的追杀。巴西神话中的魔法人物Curupira，男性有超能力生命，负责保卫森林。他以红发绿齿的男孩面貌出现，最令人关注的特点是反踵，用于迷惑猎人追寻其踪迹。他以保护森林不为人类破坏而存在，乐意宽容人们猎食，却为人们猎物取乐而恼怒，并设置陷阱，迷惑人们，以使他们迷失森林中。Curupira混合了西非洲和欧洲仙女的很多特征，但通常被看作是有魔法的人物。

例十四，《山海经》多处记述有一种神奇的视肉，切下一块，它能够迅速复原，是一种永远吃不完的肉。有趣的是，《美洲神话》第44页也记述有一种神牛："不管人们从它的身上切下多少肉，肉总是继续长出来。"

例十五，《山海经》记载有众多天文观测台，例如十二座日月出入之山，这些天文台上有许多用巨石构建的天文观测仪器。《美洲神话》第194页记述，美洲印加人在许多地方都有一种被称作"拴日柱"的天文观测石柱，它们可以是自然形成的，也可以是人工竖立的，观察者站在特定的位置观测天空星辰（包括银河）的运行，就可以确定播种等活动的季节。在夏至、冬至时，还要象征性地用绳子把太阳拴在石柱上，以避免太阳远离地球而不再回来。《大荒四经》记载有多处观测日月出入的"门"，《大荒西经》"大荒之中，有山名曰丰沮玉门，日月所入。"所谓"玉门"当指一种用于观测日月运行的门状石头结构，属于巨石天文观测仪器，在世界许多地方都曾经出现并流行过。其中著名的有英国的巨石阵、秘鲁众多的巨型石门（其中最大最著名的是蒂亚瓦那科遗址的太阳门，高约3米、宽约3.9米，系一块整石雕凿而成，表面浮雕造型的内容极为丰富，研究者相信它记录着那个时代的天文历法，因为每年秋分那一天阳光正好从门中射入）。此处观测日月所入的石门被称为"丰沮"。丰有高意，沮有低意，或许亦指石门上有浮雕图案，与秘鲁的太阳门相似。

例十六，《山海经·大荒西经》"西北海之外，大荒之隅，有山而不合，名曰不周负子，有两黄兽守之。有水曰寒暑之水。水西有湿山，水东有幕山。有禹攻共工国山。"表现出共工族对环形地貌的崇敬。美洲印地安人也有对环形山的崇拜习俗，而种种迹象表明美洲印地安人曾受到中华文明的影响。美国学者埃里克·乌姆兰德在《古昔追踪》（江苏科技出版社）一书第131页记有："（位于美国北加利福尼亚州的沙斯塔峰是一座人迹罕至的火山），当地的美洲印地安人对火山口的锥形凹地一直怀有敬畏之情，相信这座山是某一个强大的种族的栖身之处。"

例十七，古本《山海经》记有："羿射九日，落为沃焦。"根据《古小说钩沉》辑《玄中记》（郭璞著）"天下之强者，东海之沃焦焉，水灌之而不已。沃焦者，山名也，在东海南，方三万里，海水灌之而即消，故水东南流而不盈也"等记载，沃焦乃是对太平洋上的活火山岩浆流入海水景观的描述，按其方位正是夏威夷的火山岛。

## 十、外国人有自己的《山海经》吗

中国有千古奇书《山海经》，那么外国人是否也有各自的《山海经》性质的图书？这是一个值得深入探讨的问题。客观地说，每个有文字的民族都会有类似中国《山海经》的著作，多多少少记述着远古洪荒时代的若干信息。不过，对比之下，外国似乎并没有这样系统的具有国土资源考察报告白皮书性质的著作，在他们的远古记忆里只有一些零星的信息，以及对远方异国的夸张描述，例如大人国、小人国等等。

有趣的是，古代中国和古代西方对远方异国还有着一些相同的记述，除了大人国和小人国之外，古代东西方都记述有"无头人"、"长耳人"的故事，例如《山海经》记载的刑天和聂耳国，也出现在《记闻集》（公元三世纪，索利努斯著，其部分内容来自古希腊）中，这是巧合还是有着文化的传播？值得进一步研究。[1]

---

[1]（英）李约瑟，《中国科学技术史》第五卷《地学》，科学出版社，1976年。

# 参考文献

[1]（清）汪绂.山海经存[M].见：樜立雪斋原本石印本[M].1895.

[2]袁珂.山海经校注[M].上海：上海古籍出版社，1980.

[3]顾颉刚.古史辨[M].上海：上海古籍出版社，1982.

[4]沈起炜.中国历史大事年表（古代）[M].上海：上海辞书出版社，1983.

[5]徐旭生.中国古史的传说时代[M].北京：文物出版社，1985.

[6]张振犁，程健君编.中原神话专题资料[M].郑州：中国民间文艺家协会河南分会，1987.

[7]中国自然地理图集[M].北京：中国地图出版社，1998.

[8]王善才.〈山海经〉与中国文化[M].武汉：湖北人民出版社，1999.

[9]郭郛，（英）李约瑟，成庆泰.中国古代动物学史[M].北京：科学出版社，1999.

[10]薛翔骥.中国神族[M].上海：上海古籍出版社，2000.

[11]张步天.山海经概论[M].香港：天马图书有限公司，2003.

[12]张华.山海经·五藏山经图译[M].北京：国家图书馆出版社，2008.

# 索　引

## （按汉语拼音顺序排列）

### B

### D

## S

## T

## W

## X

# 自然国学丛书第一辑

定价：30元　　　　　　定价：25元　　　　　　定价：30元

定价：25元　　　　　　定价：20元　　　　　　定价：25元

定价：20元　　　　　　定价：25元　　　　　　定价：25元

## ■ 自然国学丛书第二辑

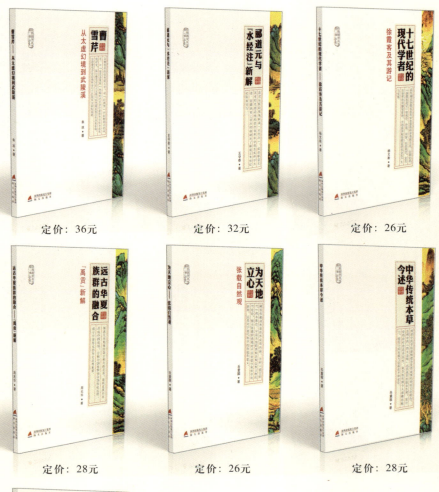

定价：36元　　　　定价：32元　　　　定价：26元

定价：28元　　　　定价：26元　　　　定价：28元

定价：26元

# ■ 自然国学丛书第三辑

从借东风到
创制木牛流马

定价：26元

走进大自然的
宋代大儒

定价：32元

天人相应的
医学理论

定价：28元

远古中国
资源秘籍

定价：30元

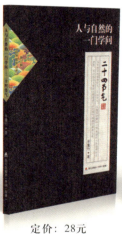

人与自然的
一门学问

定价：28元

融通三教
师法自然

定价：30元

研究汉代大儒
的新视角

定价：26元

太极序列

定价：26元